APFEL und Kastanie

Bettina Igelbrink

KINDER ERLEBEN UNSERE BÄUME

Aktionen, Geschichten und Rezepte für Kindergarten, Schule und Waldpädagogik

Verlag an der Ruhr

IMPRESSUM

Titel
Apfel und Kastanie – Kinder erleben unsere Bäume
Aktionen, Geschichten und Rezepte für Kindergarten, Schule und Waldpädagogik

Autorin
Bettina Igelbrink

Umschlagmotiv
Junge pflückt Apfel © sakkmesterke, Kastanien und Kastanienblätter © cuttlefish84, Apfelzweig © Woodhouse – alle Shutterstock.com

Fotos
Bettina Igelbrink, wenn nicht anders angegeben

Rahmenlayout-Elemente
Junge pflückt Apfel © sakkmesterke, Kastanien und Kastanienblätter © cuttlefish84, Apfelzweig © Woodhouse, Kopierer © Eakrin Rasadonyindee – alle Shutterstock.com; Icons, Blatt, Klebestreifen und Zettel © Q. Gute Grafik, Köln

Satz und Layout
Q. Gute Grafik, Köln

Druck
AZ Druck und Datentechnik GmbH, Kempten, DE

Verlag an der Ruhr
Mülheim an der Ruhr
www.verlagruhr.de

Geeignet für Kinder von 3–10 Jahren

ISBN 978-3-8346-6036-7

INHALT

✿ In dieser Jahreszeit ist der Baum am prägnantesten und lädt besonders zum Entdecken und Erleben ein.

Ein Wort, bevor es losgeht

Hallo,
ich heiße Tina. Ich bin Umweltwissenschaftlerin und Erzieherin. Das ist eine sehr spannende Kombination!

Mit diesem Buch möchte ich Sie dazu einladen, gemeinsam mit den Kindern **ein Jahr lang die Bäume in Ihrer Umgebung zu begleiten.** Mit verschiedenen Aktionen, Rezepten und Bastelideen lernen Sie gemeinsam mit den Kindern den jeweiligen Baum kennen und erleben seinen **Wandel durch das Jahr mit allen Sinnen.**

Die Begegnung mit dem Baum in den verschiedenen Jahreszeiten soll den Kindern dessen augenscheinlichsten Wandel zeigen und unmittelbare Sinneserfahrungen bieten. Viele Baumbestandteile kann man fast das ganze Jahr über sammeln. Andere sind hingegen nur zu einer bestimmten Zeit zu finden, z. B. Kastanienblüten oder Eicheln. Damit Sie einen Überblick bekommen, wann man welchen Baum in welchem Stadium sehen kann, habe ich Ihnen am Ende des Buches einen **Sammelkalender** zusammengestellt (siehe S. 106). Je nach Wetter und Ort, an dem Sie sich befinden, können sich die angegebenen Zeiten dennoch leicht verschieben. **Die Natur lässt sich nicht festlegen** und deshalb kann es sein, dass ein Baum etwas später oder schon früher in sein nächstes Stadium tritt. Das ist zum einen abhängig von der Witterung, also den Temperaturen und den Lichtverhältnissen, und zum anderen eben vom Ort, an dem Ihre Einrichtung bzw. der Baum sich befindet. Es kann auch vorkommen, dass ein Baum in einem Jahr kaum Früchte trägt. Das kann am **Rhythmus der Bäume** liegen. Die Eiche beispielsweise hat sogenannte Mastjahre, in denen sehr viele Eicheln gebildet werden. Dafür sind in den folgenden Jahren dann fast keine zu finden. **Baumparasiten** wie die Miniermotte können etwa den Kastanienbäumen sehr zusetzen und ihnen die Kraft nehmen, viele Früchte zu bilden.

Ob Sie im Elementarbereich arbeiten, als Lehrer*in,[1] mit Jugendgruppen, ein Ehrenamt in einer Natur-AG ausüben, mit Ihren eigenen Kindern einen Spaziergang machen oder freiberuflich in der Natur- und Erlebnispädagogik zu Hause sind – dieses Buch ist für Sie und die Kinder: Hier finden Sie Anleitungen, wie Sie **aus den Bestandteilen der Bäume in Ihrer unmittelbaren Umgebung** mit den Kindern und Jugendlichen Wunderbares erschaffen können, wie **Salben, Tees, Bastel- oder DIY-Projekte.** Sie können Teile der Bäume sogar für **köstliche Gerichte** verwenden! Lassen Sie sich überraschen, welche wunderbaren Erfahrungen Bäume bieten können. Eine **Übersicht der vorgestellten Ideen und Rezepte** sind im Anhang als Tabelle aufgeführt und zusätzlich mit den einzelnen **Bildungsbereichen** der Elementarpädagogik verknüpft (siehe S. 107). Hinweise auf die Bildungsbereiche, die jeweils gefördert werden, finden Sie auch an den einzelnen Angeboten. In ganzheitlichen Angeboten werden natürlich mehrere Bildungsbereiche gefördert und Sie können den Schwerpunkt dabei individuell setzen. Damit es nicht zu unübersichtlich wird, haben wir immer nur die wichtigsten markiert. Sie erkennen sie an den folgenden Icons:

- **Bewegung/Feinmotorik:**
  z. B. Kräuter schneiden, im Wald nach Kräutern suchen
- **Körper, Gesundheit und Ernährung:**
  z. B. gesundes Essen oder Heilmittel zubereiten
- **Sprache und Kommunikation:**
  z. B. Reime und Rätselspiele, Gesprächskreise
- **Soziale, kulturelle und interkulturelle Bildung:**
  z. B. soziale Fähigkeiten, wie miteinander teilen, traditionelle Kulturtechniken
- **Musisch-ästhetische Bildung:**
  z. B. kreatives Gestalten, Singen

[1] Der Verlag an der Ruhr legt großen Wert auf eine geschlechtergerechte und inklusive Sprache. Daher nutzen wir das Gendersternchen, um sowohl männliche und weibliche als auch nichtbinäre Geschlechtsidentitäten einzuschließen. Alternativ verwenden wir neutrale Formulierungen.

- **Ethik und Religion:**
  z. B. religiöse Feste, über ethische Fragen nachdenken
- **Mathematische Bildung:**
  z. B. Abmessen und Abwiegen der Zutaten
- **Naturwissenschaftlich-technische Bildung:**
  z. B. das Erleben unterschiedlicher Aggregatzustände
- **Ökologische Bildung:**
  z. B. essbare Heilpflanzen erleben und verarbeiten
- **Medien:**
  z. B. fotografieren, eine Wandzeitung gestalten, etwas recherchieren

Dabei geht es auch um Nachhaltigkeit: Gerade heute ist es wichtig, die **Bildung für nachhaltige Entwicklung** (BNE) in den Fokus zu nehmen. Diese soll die Menschen dazu befähigen, zukunftsfähig zu denken und zu handeln. Konkret bedeutet es, die Auswirkungen des eigenen Handelns auf die Welt zu verstehen und so verantwortungsvolle, nachhaltige Entscheidungen treffen zu können.

Bäume sind unsere Lebensgrundlage. Den Sauerstoff, den sie produzieren, benötigen wir zum Atmen! Umso wichtiger ist es, dass unsere Kinder die Vielfalt unserer Bäume kennenlernen. Denn: **Nur was man kennt, kann man wertschätzen und schützen.** Für das Arbeiten mit Kindern ist es sinnvoll, direkt vor der Haustür zu beginnen und sie in ihrer Lebensumwelt abzuholen. Wenn Kinder die Vielfalt der Bäume um sie herum mit allen Sinnen erleben, können sie ihre Erfahrungen Stück für Stück erweitern und sich beispielweise die Frage nach lokalen, **umweltfreundlichen Alternativen** von Lebensmitteln, Farben und Spielmaterialien im Vergleich zu industriell hergestellten, Müll verursachenden Dingen stellen. Das Thema „Bäume und ihre Verwendung" kann folgende BNE-Ziele abdecken: Ziel 2 – Kein Hunger, Ziel 3 – Gesundheit und Wohlergehen, Ziel 12 – Nachhaltiger Konsum und Produktion, Ziel 13 – Klimaschutz und Anpassung, Ziel 15 – Leben an Land.

Seien Sie unbesorgt: Die in diesem Buch vorgestellten Bäume sind **leicht zu erkennen und nahezu überall zu finden,** auch in der Stadt! Sie können gut erst einmal mit einem Baum beginnen, beispielsweise mit der Birke. Sie kommt häufig vor und hat einen unverwechselbaren Stamm. Ich empfehle, **lieber einen Baum intensiv mit allen Sinnen kennenzulernen, als alle acht Bäume nur ein bisschen.** Dabei sollte das Interesse der Kinder Ihre Arbeit bestimmen. Mit uninteressierten Kindern kann man noch so oft ein Thema bearbeiten, wenn die **intrinsische Motivation** nicht da ist, ist die Arbeit vergebene Mühe.

Dieses Buch hilft Ihnen dabei. Mit den beschriebenen Aktionen und Rezepten kommt das Interesse der Kinder sehr schnell. Was aber vor allem wichtig ist: **Ihre eigene Begeisterung für die Bäume!** Machen Sie sich bewusst, dass diese Pflanzen unsere Lebensgrundlage darstellen. Wenn die Kinder merken, dass Sie das spannend finden, ist das ansteckend und dann wollen sie mehr darüber wissen. Garantiert, denn das weiß ich aus eigener Erfahrung! Sie müssen auch gar nicht vorher alles über jeden Baum wissen. Erleben Sie zusammen mit den Kindern den Wandel des Baumes durch die Jahreszeiten! Sie können sogar zusammen mit den Kindern recherchieren, wenn Sie eine Frage der Kinder nicht beantworten können. Das ist authentisch und nur so können Sie **für die Kinder ein Vorbild sein.** Jemand, der alles weiß, ist für Kinder normalerweise langweilig. Entdecken Sie die Welt unserer Bäume gemeinsam.

Wenn Sie dennoch unsicher sind, nehmen Sie an einer **Baumführung** teil! Gern von Förster*innen oder Kräuterkundler*innen angeboten. Das gibt Sicherheit und Sie erfahren immer wieder die ein oder andere Geschichte oder Rezepte, die Sie in Ihre tägliche Arbeit mit den Kindern einfließen lassen können. Im Anhang (siehe S. 105) sind dafür einige Adressen aufgeführt. Eine besondere Art Baumführung, bei der es um das Sammeln und Anwenden von Baumknospen geht, findet immer häufiger statt. In der Naturheilkunde spricht man von der „Gemmotherapie". Wenn man unter diesem Stichwort eine Naturführung sucht, entdeckt man diese speziellen Baumführungen und auch Workshops dazu. Sie finden im zeitigen Frühjahr statt, wenn die Knospen kurz vor dem Öffnen sind.

Die hier vorgestellten Angebote gehören zu meinem Alltag und sind von mir ausgiebig erprobt worden. Wenn Ihnen daran etwas nicht gefällt oder für Sie mit den Kindern so nicht umsetzbar ist, ändern Sie sie nach Belieben ab. **Die Natur um uns herum lebt von Vielfalt und Experimentierfreude!** Zudem ist das Arbeiten mit Kindern nicht planbar.

Damit Sie einen schnellen Überblick bekommen, um welche Art von Angeboten es geht, wurden diese mit folgenden Symbolen kenntlich gemacht. Die Hauptkategorie finden Sie jeweils am Angebot selbst. Manchmal passen aber auch weitere Kategorien. Diese sehen Sie in der Übersicht hinten im Buch (siehe S. 107f.).

Geschichten, die entweder hier im Buch direkt abgedruckt sind, oder Vorschläge, die Sie z. B. aus Märchenbüchern vorlesen können

Spiele und Bewegung

Bastelangebote

Rezepte zum Kochen, Backen oder nur zum Zusammenrühren

Kosmetik und kleine Heilmittel, bei denen Sie natürlich immer vorsichtig Rücksprache mit den Eltern halten sollten, bevor Sie Kindern etwas davon geben

Naturbeobachtung, wie kleine Experimente oder das Erleben spannender Phänomene

Musik, d. h. Lieder zum Singen

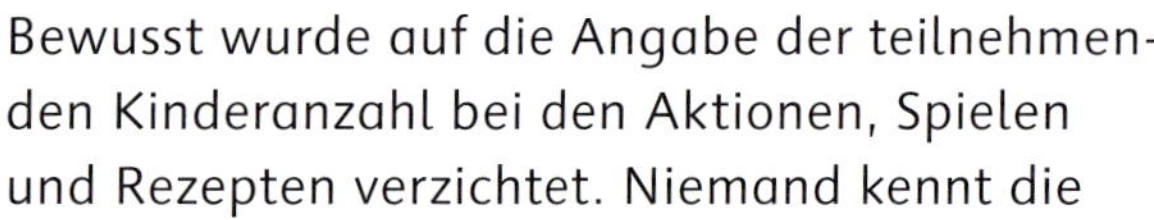

Bewusst wurde auf die Angabe der teilnehmenden Kinderanzahl bei den Aktionen, Spielen und Rezepten verzichtet. Niemand kennt die Kinder und ihre Fähigkeiten so gut wie Sie. Je nach Alter der Kinder, ihren Stärken und Schwächen, aber auch der Anzahl der betreuenden Erwachsenen und deren Erfahrungen sowie Fähigkeiten ist es sinnvoll, die Kinderanzahl individuell der Gruppe und dem Ereignis anzupassen. Bedenken Sie: **Einige Rezepte erfordern eventuell verstärkt Ihre Mithilfe.** Bestimmte Geräte dürfen Kinder noch nicht alleine benutzen oder es geht am Topf heiß her. Lassen Sie hier die **Sicherheit** oberstes Gebot sein. Achten Sie auch besonders auf **Allergien und Unverträglichkeiten** der Kinder.

Haben Sie schon Lust bekommen, die Bäume kennenzulernen? – Na, dann los! Raus in die Natur!

Für Marlene

Danksagung

Ohne das Interesse und die Fragen unserer Tochter Marlene sowie den bedingungslosen Rückhalt meines Mannes Michael wäre dieses Buch nicht entstanden. Beide haben tapfer alle Baumrezepte probiert und für gut befunden, alle chaotischen Küchenerlebnisse mit mir geteilt und ständige „Ich bin dann mal die Bäume besuchen"-Aktionen ertragen. Euch möchte ich ganz besonders danken für eure Freiheit, Unterstützung und Hilfe, die ihr mir gegeben habt.

Ein besonderer Dank gilt auch Hanna Schenck und Katia Simon für ihre Durchsicht des Manuskripts und die vielen gemeinsamen Diskussionen.

Des Weiteren danke ich den Teilnehmerinnen und Dozent*innen der Ausbildungen zur „Kräuterfachfrau" (2017), „PhytAro Dipl. Kräuterfachfrau" (2018) und „Heilpflanzenpädagogin" (2019) an der PhytAro Heilpflanzenschule Dortmund für die vielen Ideen, die Motivation und natürlich das Wissen über die Welt der Heilpflanzen und der TEM (Traditionellen europäischen Medizin). Der Austausch mit euch ist einfach wunderbar!

Keine Sorge vor dem Fuchsbandwurm

Vorab etwas zum Thema Fuchsbandwurm: Bei manchen ist die Angst groß, sich mit ihm zu infizieren. Es kann aber Entwarnung gegeben werden. Es ist noch kein Fall bekannt, in dem es durch das Sammeln von Kräutern und Beeren zu einer Aufnahme des Fuchsbandwurms gekommen ist.

Die Fuchsbandwurmeier sind im Kot von Tieren oder in deren Körper zu finden. Kleine Nagetiere sind beim Fuchsbandwurm als Zwischenwirt beliebt und werden gern von Hunden, Katzen und auch Füchsen gefressen. Dadurch haben Hunde- und Katzenhalter*innen sowie Menschen, die in landwirtschaftlichen und forstwissenschaftlichen Bereichen arbeiten, ein im Vergleich erhöhtes Risiko, einen Fuchsbandwurm zu bekommen. Nachweislich müssen dafür aber immer wieder mehrere Eier innerlich aufgenommen werden, bis sich wirklich ein Fuchsbandwurm im Körper eines Menschen entwickelt. Wenn man die **Sammelregeln** (siehe S. 8) beachtet, halte ich persönlich das Risiko für sehr gering. Zumal das Ernten von Baumteilen in den meisten Fällen im oberen Bereich stattfindet und nicht am Fuße des Baumes.

Orientierung mit Bäumen: Alter und Himmelsrichtungen

Findet man einen Baumstumpf, kann man auf ihm sogenannte Jahresringe erkennen. Diese entstehen dadurch, dass der Baum wächst und jedes Jahr dicker wird. Dabei wechseln sich helle Ringe (Sommer) mit dunklen Ringen (Winter) ab. Da es im Sommer wärmer ist, wächst der Baum stärker und das Holz ist heller. Im Herbst wächst der Baum nicht so stark und das Holz ist dunkler. Es gehören also immer ein dunkler und ein heller Holzring zusammen, die ein Jahr des Baumes zeigen. So kann man **zählen, wie alt ein Baum geworden ist.**

Mit Kindern unterwegs kann man schon mal durcheinanderkommen, wo Norden, Süden, Westen oder Osten sind. Wenn Sie die Himmelsrichtungen draußen bestimmen möchten, können Bäume hilfreich sein: Oft kann man erkennen, wo die Himmelsrichtung Süden ist, wenn man sich einen **Baumstumpf** näher anschaut. Die Jahresringe sind nämlich nicht überall gleich breit. An der Stelle, wo die Jahresringe dicker sind, ist meist Süden, da von dieser Seite mehr Sonne auf den Baum trifft, was das Wachstum anregt.

Manchmal ist **Moos auf Baumstämmen von freistehenden Bäumen auch ein Richtungsanzeiger.** Da Moos lieber dort wächst, wo wenig Licht auf den Stamm trifft und es feuchter ist, kann man es meist an der Nordseite des Stammes finden.

Sammelregeln

Damit das Sammeln von Baumteilen keine Gefahr für Sie, die Kinder und die Umwelt wird, gilt es, ein paar Regeln zu beachten. Halten Sie bitte auch die Kinder dazu an, **respektvoll und achtsam mit der kostbaren Natur umzugehen.** Auch wenn einige Menschen der Meinung sind, Bäume stehen nur so herum: Bäume sind unsere Sauerstoffgrundlage und daher sehr wertvoll.

1. Sammeln Sie nur Teile vom Baum, die Sie **sicher erkennen und bestimmen** können!
2. Nehmen Sie nur **so viele Pflanzenteile mit, wie auch wirklich gebraucht werden!** Bitte pflücken Sie nicht einen ganzen Zweig leer. Der Baum muss sich erholen können, damit Sie im nächsten Jahr dort auch wieder ernten können. Alle Baumknospen an einer erreichbaren Stelle abzuernten, bedeutet, dass man später im Jahr dort keine Blätter und ggf. keine Früchte mehr ernten kann. Beim Ernten von Fichten- und Kiefernspitzen bitte nur die seitlichen Triebe und nicht alle von einem Zweig ernten. So kann der Nadelbaum noch weiterwachsen. Die Tiere sind Ihnen ebenfalls dankbar, wenn Sie ihnen etwas übrig lassen. Bei Früchten und Nüssen gilt für mich: Was ganz oben wächst, ist für die Tiere. Ich klettere nicht auf Leitern oder Ähnlichem herum, um an die letzten Früchte zu kommen. Ein guter Sammler bzw. eine gute Sammlerin hinterlässt die Sammelstelle so, dass man nicht sieht, dass dort gesammelt wurde.
3. Stöcke, Zweige und viele Baumfrüchte lassen sich gut sammeln, wenn sie **ohnehin bereits vom Baum gefallen** sind und am Boden liegen.
4. Sammeln Sie nur an Stellen, die **nicht durch Dünger, Pestizide, Autoabgase oder Hundekot/-urin** verunreinigt sind.
5. Bitte **nicht ungefragt in Gärten oder Parks** pflücken. Es gibt Orte, an denen man vorher fragen muss, ob man etwas entnehmen darf.
6. Bitte ernten Sie nur **gesunde Pflanzenteile von gesunden Bäumen** und **niemals von geschützten Bäumen!** Es hat seinen Grund, weshalb sie geschützt sind!
7. Ernten Sie die Baumbestandteile **vorsichtig.** Reißen Sie nicht am Baum herum, sondern pflücken Sie nur die Teile des Baumes, die Sie wirklich benötigen. Die Rinde ist die Haut der Bäume. Sie zu beschädigen, heißt, dass Pilze und andere Parasiten in den Baum eindringen können. Bitte **keine Rinde vom lebendigen Baum ernten** oder beim Ernten unnötig beschädigen! Dies ist wichtig bei der Baumharzernte und dem Zapfen von Birkenwasser.
8. **An Regentagen** sollte man nicht zum Pflanzensammeln gehen, da die Pflanzenteile zu nass sind.
9. **Dankbarkeit:** Ich bedanke mich während des Sammelns bei dem Baum dafür, dass ich etwas mitnehmen darf. Manchmal mit dem Wort „danke", manchmal lasse ich etwas für die Natur da, z. B. etwas Wasser oder Mehl, einen schönen Stein, umarme ihn oder singe ihm ein Lied.

Praktische Tipps zum Sammeln und wie geht es danach weiter?

Zum Sammeln eignet sich am besten ein **Korb oder eine Baumwolltasche**. Beide sind von Kindern leicht zu tragen und darin können die Früchte und Blätter schon antrocknen. Wenn die Baumteile direkt in der Küche verwendet werden sollen, bleiben sie länger frisch, wenn beim Sammeln ein feuchtes Tuch mit in den Korb gelegt wird. In Kunststofftüten oder -behältern fangen die Blätter und Früchte an, zu schwitzen und zu schimmeln. Kastanien beispielsweise kann man gut bearbeiten, wenn sie frisch sind. Sind sie erst einmal getrocknet,

werden sie steinhart. Andererseits kann man sie nicht lange feucht aufbewahren, da sie sonst zu schimmeln anfangen.

Wenn Sie mit Kindern ernten, ist es gut, **Kinderscheren** mitzunehmen. Die Kinder können die Pflanzenteile damit vorsichtig abtrennen und reißen beim Pflücken nicht am ganzen Zweig. So kann der Baum nach der Ernte an dieser Stelle noch weiterwachsen. Zurück in der Einrichtung, können die Kinder die **Pflanzenteile auf einem Tuch ausbreiten,** damit die Insekten noch die Möglichkeit haben, sich aus dem Staub zu machen. Die Baumteile für das Herbarium sollten allerdings direkt gepresst werden, damit sie nicht schon verwelkt zwischen die Buchseiten kommen. Man kann sie dann nicht mehr gut erkennen.

Das **Trocknen** der Pflanzen sollte **schonend** geschehen, also nicht in großer Hitze, damit die Geschmacks-, Duft- und Heilstoffe erhalten bleiben. Am besten geeignet ist ein schattiger Platz, der gut gelüftet ist. Baumbestandteile, die **direkt in der Küche verwendet** werden sollen, können die Kinder vorsichtig **unter fließendem Wasser oder in einer mit Wasser gefüllten Schüssel** waschen.

Jahresprojekt: Anlegen eines Baum-Herbariums und/oder einer Projektwand

Um die Bäume besser kennenzulernen, können die Kinder im Laufe des Jahres ein **Baumlexikon** anlegen, ein sogenanntes Herbarium. Ein Herbarium ist eine **Sammlung von gepressten Pflanzen,** in diesem Falle von gepressten Baumblättern und Früchten. Es kann hilfreich sein, so eine Sammlung zu haben, da man manchmal auf Fotos nicht alles so gut erkennen kann wie bei der richtigen Pflanze. In diesem Herbarium sammeln die Kinder die Blätter und flachen Früchte, die Blüten und dünnen Zweige mit Knospen, die sie erkennen und auch verwenden. Insbesondere in den Wintermonaten kann man sie so immer wieder anschauen und sich erinnern. Es ist zudem ein schöner Sprechanlass, wenn Kinder sich gegenseitig etwas zu den Bäumen erzählen können.

Zum Trocknen der Pflanzenteile benötigt man **dicke Bücher und Zeitungspapier.** Die Kinder legen die gesammelten, einzelnen Teile des Baumes **zwischen zwei Papierbögen.** Sie notieren darauf den Namen des Baumes, das Datum und wo er gefunden wurde, und legen diese dann in die Bücher. Zwischen den Baumsammlungen im Buch sollte genügend Abstand gehalten werden, damit es nicht zu feucht wird und die Pflanzenteile nicht schimmeln, anstatt zu trocknen. Nach **drei bis vier Wochen** müssten sie glatt gepresst und getrocknet sein.

Die gepressten Baumteile legt man nun auf **ein frisches Blatt Papier** und **klebt** sie dort fest. Die Seiten werden **beschriftet** mit dem Namen des Baumes, Fundort und Datum und dann in eine **Klarsichtfolie** geschoben. Die Folien kommen in einen **Ordner** und fertig ist das Baumlexikon, das immer wieder erweitert werden kann. Statt einzelner Seiten kann man die gepressten Baumteile auch in ein **leeres Buch mit starken Seiten** kleben. Wenn die **Rinde der Bäume zu dick** ist, können die Kinder sie trotzdem in ihr Herbarium einfügen, indem sie mit einem Blatt und Wachsmalkreide von der Rinde einen „Abdruck" abnehmen. Dafür reiben sie mit dem Wachsmalstift über ein Blatt Papier, das auf die Rinde gelegt wurde. Wenn jedes Kind für einen Baum „zuständig" ist, können die gepressten Pflanzenteile auch eine gute Grundlage für die **Portfolioarbeit im Elementarbereich** sein.

Um die Sammlung immer vor Augen zu haben, können die Kinder die getrockneten Baumteile auch **auf ein großes Plakat kleben,** das in die vier Jahreszeiten unterteilt wurde. Die Kinder können die Bäume und Baumteile auch malen und Sie beschriften die Bilder dann entsprechend. Wenn das Plakat an der Wand der Einrichtung hängt, können auch die Eltern daran teilhaben und die Kinder können es ihnen regelmäßig zeigen. Das hat den Vorteil, dass auch **dickere Pflanzenteile**, wie beispielsweise Kastanien, aufgeklebt werden können, die in ein Herbarium nicht hineinpassen würden. Zusätzlich können die Bäume auch **das Jahr über fotografisch begleitet** werden, indem jeden Monat ein Foto von dem Baum gemacht und ebenfalls im Jahresverlauf auf ein Plakat geklebt wird. So prägen sich die Bäume und ihre Bestandteile besser ein, und die Kinder können den Wandel der Bäume besser nachvollziehen. Ich habe auch schon **„Baumbibliotheken"** gesehen, da wurde das Herbarium, nach Baumart sortiert, in einzelne Bücher eingeheftet, deren **Buchumschlag aus der Rinde** des entsprechenden Baumes bestand. Ein wundervoller Effekt!

Kleine Projekte auch ohne Baum: Astscheibenbasteleien

Aus Astscheiben kann man allerlei schöne Basteleien und Spiele herstellen, ohne dass man an eine bestimmte Baumart gebunden ist. Sie sollten allerdings von ungiftigen Bäumen stammen. Oft bekommt man Astscheiben in Gartencentern in der Dekorationsabteilung. Sie können auch bei der örtlichen Tischlerei fragen, ob sie Ihnen aus Ästen ein paar Scheiben sägt. Vielleicht kann Ihnen auch ein*e Förster*in helfen, Astscheiben zu besorgen. Hier nun ein paar Bastelideen mit Astscheiben, die Sie zur Motivation in jedem Baumkapitel als Aktion unterbringen können.

Knöpfe

Material:

- kleine Astscheiben
- Schleifpapier
- Handbohrer mit sehr kleinem Bohrer
- Schraubzwinge/Schraubstock zum Bohren (Alternativ: festhalten)

So geht's:
Schleifen Sie die Astscheibe mit Schleifpapier schön glatt. Bohren Sie in der Mitte der Scheibe zwei oder vier Löcher. Fertig ist der Knopf!

Drehknopfspiel

Material:

- kleine Astscheiben
- Schleifpapier
- Handbohrer mit kleinem Bohrer
- Schraubzwinge/Schraubstock zum Bohren (Alternativ: festhalten)
- lange Bindfäden

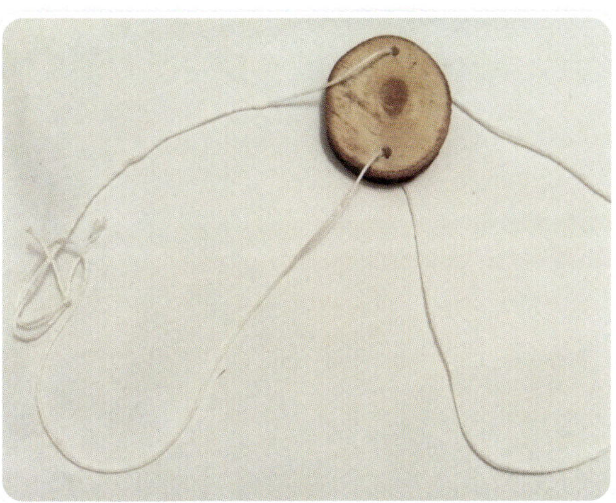

So geht's:

Schleifen Sie die Astscheibe mit Schleifpapier schön glatt. Bohren Sie in der Mitte der Scheibe zwei Löcher. Fädeln Sie den Faden durch beide Löcher und knoten Sie die Fadenenden zusammen, sodass ein Fadenring mit einer Holzscheibe entstanden ist. Fertig ist der Drehknopf.

So wird gespielt:

Schieben Sie die Scheibe mittig auf den Faden und nehmen Sie die Fadenenden in beide Hände. Führen Sie die Hände auseinander, sodass sich der Faden leicht spannt. Drehen Sie die Holzscheibe mit Schwung der Hände ein. Der Faden dreht sich ein und wird kürzer. Wenn sich der Faden kräuselt, ziehen Sie schnell die Hände auseinander und lassen Sie ihn wieder locker. Die Holzscheibe dreht sich aus und hat so viel Schwung, dass sie sich in die andere Richtung gleich wieder eindreht. Wenn Sie nun wie bei einem Jo-Jo die Hände immer auseinander- und wieder leicht zusammenführen, bleibt die Scheibe in Schwung und lässt das Band immer wieder kürzer und länger werden.

Astscheibengesichter

Manchmal ist es für Kinder einfacher, Gefühle durch Bilder auszudrücken. Dafür können Sie sich einen Satz mit Astscheibengesichtern mit verschiedenen Gefühlsausdrücken machen und den Kindern zur Verfügung stellen.

Material:

- kleine Astscheiben
- Schleifpapier
- Wackelaugen und Stifte

So geht's:

Schleifen Sie die Astscheibe mit dem Schleifpapier schön glatt. Nun können Sie und die Kinder mit den Wackelaugen und dem Stift ein Gesicht gestalten.

TIPP

Werden kleine Magnete hinten auf die Astscheibe geklebt, können sie auch als Kühlschrankmagnete verwendet oder verschenkt werden.

Stempel

Material:
- Astscheiben
- Schleifpapier
- ungiftige Blätter und Blüten
- Klebstoff
- Papier und Stempelkissen

So geht's:
Schleifen Sie die Astscheibe mit dem Schleifpapier schön glatt. Nun kleben Sie auf die Scheibe ein Blatt oder eine Blüte und streichen es glatt. Den fertigen Stempel drücken die Kinder auf ein Stempelkissen und stempeln Naturabdrücke auf Papier.

TIPP
Wenn man keine Blätter und Blüten verwenden will, kann man auch aus Moosgummi Umrisse schneiden und sie als Stempel auf die Astscheiben kleben.

Insektenlandeplatz

Um in heißen Sommern den Insekten das Trinken in einer Wasserschale zu ermöglichen, sind Astscheiben hilfreich.

Material:
- Astscheiben
- Schleifpapier
- flache Schale mit Wasser

So geht's:
Schleifen Sie die Astscheibe mit dem Schleifpapier schön glatt. Stellen Sie mit den Kindern die flache Schale in den Garten bzw. auf den Balkon, füllen diese mit Wasser und legen die Astscheiben hinein. So können die Insekten auf dem Holz landen und gelangen gefahrlos an das Trinkwasser.

TIPP
Es können auch halbierte Korken als Landeplatz in der Wasserschale verwendet werden.

Medaille, Schlüsselanhänger oder Glücksbringer

Material:
- kleine Astscheiben
- Schleifpapier
- Handbohrer mit sehr kleinem Bohrer
- Schraubzwinge/Schraubstock zum Bohren (Alternativ: festhalten)
- Stifte
- Band aus Baumwolle, z. B. Küchengarn

So geht's:
Schleifen Sie die Astscheibe mit dem Schleifpapier schön glatt. Bohren Sie in der Nähe der

oberen Kante der Scheibe ein Loch und fädeln Sie das Band hindurch. Je nach Länge des Bandes ist es nun Medaille, Schlüsselanhänger, Kettenanhänger oder Glücksbringer und kann frei von den Kindern mit den Stiften gestaltet werden.

TIPP

Auf die Astscheiben Farben und Muster zu malen, ermöglicht den Kindern, in die Welt der Optik und Farbmischung einzusteigen.

Fingerringe

Material:
- sehr kleine Astscheiben
- Schleifpapier
- Handbohrer mit sehr kleinem Bohrer
- Schraubzwinge/Schraubstock zum Bohren (Alternativ: festhalten)
- dicker Draht
- Schere, Stifte und flüssiger Klebstoff

So geht's:
Schleifen Sie die Astscheibe mit dem Schleifpapier schön glatt. Bohren Sie in die seitliche Kante der Scheibe einander gegenüber zwei

Löcher – oder ein durchgängiges Loch von der einen zur anderen Kante. Den Fingerring kann man nun mit Stiften bemalen oder verzieren. Stecken Sie ein Stück Draht auf beiden Seiten in die Astscheibe, sodass ein Bügel über der Astscheibe entsteht. Dieser Bügel muss so groß sein, dass ein Finger hindurchpasst.

Der Einstieg in das Essen von Bäumen und Baumbestandteilen

Um einen leichten Einstieg in das Essen von Bäumen und deren Bestandteilen zu bekommen, können Sie mit den Kindern zunächst einmal die Knospen der in diesem Buch vorgestellten Bäume probieren, wenn man den Baum daran gut erkennen kann. Oder Sie bereiten eine Limonade daraus zu.

Neben den hier im Buch aufgeführten Bäumen sind auch noch weitere Bäume essbar. Da sind beispielsweise der Ahorn und der Ahornsirup zu nennen. Junge Blätter von Buchen und die Bucheckern (geröstet!) sind ebenfalls ein guter Einstieg. Walnüsse und Haselnüsse sind Baumfrüchte, die alle kennen. Besorgen oder sammeln Sie die Nüsse mit ihrer Schale und knacken Sie sie gemeinsam mit den Kindern. Alle bekannten Obstbäume, wie Kirsche, Birne und Pflaume, sind auch nichts weiter als essbare Bäume.

Bei der Vielzahl an Kindern, mit denen Sie arbeiten, kommen Sie oft nicht um Lebensmittelunverträglichkeiten und Allergien oder bestimmte Ernährungsweisen herum. Es gibt inzwischen zahlreiche gute Alternativen für die nussfreie, lactosefreie und vegane Ernährungsweise. Eine Übersicht darüber finden Sie beispielsweise auch in meinem Buch „Löwenzahn und Hagebutte".

ACHTUNG!

Honig ist generell für Kinder unter einem Jahr nicht geeignet!

Glossar

Maßeinheiten und Begriffe

EL = Esslöffel
g = Gramm
ml = Milliliter
Msp. = Messerspitze
Pr. = Prise
TL = Teelöffel
Tr. = Tropfen
Ø = Durchmesser
Abseihen = Absieben

spec. = vom lateinischen Wort „species" (übersetzt: Spezies, Art), wird in der Biologie hinter den Gattungsnamen einer Pflanze geschrieben, um auszudrücken, dass es sich zwar um eine konkrete Art handelt, die genaue Art aber nicht bekannt oder nicht wichtig ist. So steht z. B. *Rosa spec.* für eine nicht näher definierte Art aus der Gattung der Rosen.

Baumbestandteile und ihre Alternativen

Was ist, wenn ich nicht genug Baumknospen für die ganze Gruppe finde? Selbst wenn nur ein **kleiner Teil des Rezeptes** aus den gesammelten Baumteilen besteht, ist die Begeisterung bei den Kindern groß. Oft ist es nicht einfach, genug Baummaterial für eine ganze Gruppe zu finden, oder es würde den Baum zu sehr schwächen. Hier gibt es Alternativen, die man nehmen kann, um trotzdem für die Kinder das wunderbare Erlebnis des Sammelns und Zubereitens zu bekommen. Werden aus Blättern Farbe oder Seife hergestellt (z. B. bei der Birke), kann die Menge der Blätter mit **getrockneten Blättern aus dem Reformhaus oder dem Internet** aufgestockt werden.

Die im Buch genannten **Baumknospen** können gern auch untereinander gemischt werden z. B. in Dips, Brot und ähnlichen Rezepten.

Für Rezepte mit **Birkensaft** können Sie Saft hinzukaufen. **Äpfel** sind ebenfalls käuflich zu erwerben und es gibt eine große Sortenvielfalt, die Sie nutzen sollten. Ist der Aufwand zu groß oder lässt es die Zeit nicht zu, können Sie Apfelmus im Glas hinzukaufen.

Bei Bastelaktionen, bei denen **Stöckchen und Zweige** verwendet werden, können beliebige andere ungiftige Holzarten verwendet werden.

Auch **Flugsamen** gibt es viele unter den Bäumen: Wenn Sie die Lindensamen nicht finden, können Sie sich Ahorn-, Kiefern- oder Birkensamen mal genauer anschauen. Nur wenn Rezepte auf eine besondere traditionelle Heilwirkung abzielen, sollten Sie die ursprünglich angegebenen Baumteile verwenden. In der Regel werden davon aber nicht viele benötigt.

Die Birke

(Betula spec.)

© xpixel – Shutterstock.com

Familie: Birkengewächse *(Betulaceae)*

Es gibt von diesem sommergrünen Baum bei uns mehrere Arten, von denen die Hängebirke *(Betula alba/Betula pendula)*, auch Weiß- oder Sandbirke genannt, am häufigsten zu finden ist. Man kann auch auf die Moorbirke *(Betula pubescens)* treffen, die man an den weichen, behaarten Blättern von der Hängebirke unterscheiden kann. Für die Rezepte in diesem Buch kann man aber beide Arten verwenden.

Die Birke

Daran kann man sie erkennen:

- Die Birke hat eine überwiegend weiße Rinde mit schwarzen Querzeichnungen.
- Die Blätter der Hängebirke sind nicht behaart, spitz-eiförmig und gesägt. Die Birke ist von schlanker Statur und ihre Zweige hängen herab.
- Ihre Blüten – es gibt männliche und weibliche an einem Baum – nennt man Kätzchen. Die männlichen Blüten hängen am Zweig und sind auffällig gelb. Die unauffälligen weiblichen Blüten stehen aufrecht und werden durch den Wind bestäubt.
- Die Samen sind kleine Nüsschen, die mit Flügeln ausgestattet sind, damit sie vom Wind einfacher verbreitet werden können. Sie hängen bis zum Sommer zusammen als eine walzenförmige Frucht. Später zerfallen sie in kleine Einzelsamen. Da die Samen Lichtkeimer sind, wächst die Birke nicht im Schatten, sondern nur an Orten mit viel Sonnenlicht.

Dann blüht sie:
April bis Mai

Dann reifen ihre Samen:
August bis September

So alt kann sie werden:
Bis 100 Jahre

So groß kann sie werden:
10 bis 30 m

Dort kann man sie finden:
Moore, Heiden, Brachflächen, Parks

Das kann man von ihr verwenden:
Knospen, Blätter, Rinde, dünne Zweige (Reisig), Saft

Baum des Jahres: 2000

Besonderheiten:

- Die Birke ist ein Pionierbaum, der als einer der ersten neue Flächen besiedelt und dort wächst.
- Sie bekommt auch als erster heimischer Laubbaum im Frühling Blätter und ist daher ein Frühlingsanzeiger.
- Die Birke ist der traditionelle Baum, der am 1. Mai und in der Walpurgisnacht (Beltanefest) als Maibaum oder zu Pfingsten geschmückt wird.
- Ihre weiße Rinde ist vielseitig verwendbar, weil sie durch das Betulin wasserundurchlässig ist. Das nutzten schon Steinzeitmenschen, um ihre gesammelten Vorräte darin zu lagern oder um sie als Trinkgefäß zu verwenden. Betulin ist auch die Substanz, die die Rinde so weiß färbt. Wenn man innen an der abgezogenen Rinde mit dem Finger entlangfährt, kann man das Betulin manchmal als weißes Pulver am Finger sehen.
- Die dünnen Zweige der Birke, die im Frühling- oder Herbststurm gern abbrechen und als Reisig am Boden zu finden sind, kann man für allerlei Basteleien verwenden.
- Ihr Saft wird zu Birkenzucker verarbeitet, dem sogenannten Xylit. Dieser wird von Bakterien im Mund nicht umgewandelt und gilt daher als zahnfreundlich. Zudem ist seine Süßkraft höher als die von Haushaltszucker. Da sich unsere Darmbakterien aber erst an ihn gewöhnen müssen, kann es zu Durchfall führen, wenn eine zu große Menge gegessen wird.

GEDICHT-TIPP

Das Gedicht *„Die Birke"* von Wilhelm Busch ist ein schöner Einstieg in das Birkenprojekt.

Die Birke im Frühling

Vogel- oder Osternester binden

Wenn der Frühlingswind durch die Birke fegt, fallen oft kleine und große, biegsame Zweige auf den Boden, das sogenannte Birkenreisig.

Material:

- Birkenreisig (dünne Birkenzweige ohne Blätter)
- Naturschnur, bunte Bänder
- ggf. eine Gartenschere

So geht's:

Die dünnen und biegsamen Zweige können die Kinder leicht zu einem Ring biegen. Die beiden „Ringenden" können mit bunten Bändern ggf. von einer erwachsenen Person zusammengebunden werden. Die Kinder können weitere bunte Bänder um den Kranz wickeln. Auf einen Teller oder auf den Boden gelegt, entsteht so ein schönes Oster- oder Vogelnest, das befüllt und verschenkt werden kann. Es ist auch als Tischdekoration geeignet.

Aus sehr feinen Zweiglein können ganz kleine Ringe geformt werden, um sie beispielsweise an den Osterstrauch zu hängen oder als Eierbecher zu nutzen. Wenn man beim Ringbinden auch einen Boden mitformt, kann man diese Vogelnester in Astgabeln von Bäumen stecken. Ob dort ein Vogel einzieht?

TIPPS

- Man kann das Reisig auch schon im Winter nach einer stürmischen Nacht sammeln. Sind die Zweige dann im Frühling zum Basteln zu trocken und brüchig, einfach eine Nacht ins Wasser legen. Sie werden dann wieder geschmeidig.
- Zum Färben von Ostereiern sind Birkenblätter auch geeignet (siehe Sommerrezept Birkenblätterfarbe, S. 20).

Frühlingserwachen – ein auditives Sinneserlebnis

Sehr zeitig im Frühling, je nach Witterung im März bis Anfang April, fängt die Birke an, aus der Winterruhe zu kommen. Sie beginnt, Wasser aus dem Boden in ihre Zweige zu pumpen. Dieses Wasserfließen durch den Stamm kann man, wenn man genau hinhört, als Rauschen hören.

Material:

- leere Toilettenpapierrollen oder Stethoskop (unter 10 € in der Apotheke zu bekommen)

So geht's:

Das Rauschen hört man, indem man ein Ohr an den Stamm der Birke legt und ganz still ist. Zur Verstärkung kann man eine Öffnung einer leeren Toilettenpapierrolle an den Stamm legen und das Ohr an die andere Öffnung halten. Noch besser ist es, wenn man ein Stethoskop zum Lauschen nimmt.

Bibbis Birkensaftlimo

Wenn die Birke anfängt, das Wasser aus dem Boden zu ziehen, kann man Birkenwasser ernten, den Saft der Birke. Es kann wie der Saft des Ahornbaumes, den wir eingekocht als Ahornsirup kennen, z. B. für Limonade verwendet werden.

ACHTUNG!

Zwischen den Ernten braucht eine Birke eine Pause von mindestens zwei Jahren, wenn man größere Mengen abzapft.

Zutaten:

- Birkenwasser
- frische Minzzweige, ca. 2–3 pro Liter

Es gibt verschiedene Möglichkeiten, Birkenwasser zu zapfen:

Material für Variante mit Strohhalm:

- Handbohrer, Strohhalm, Flasche, Stück Korken, Band

Material für Variante ohne Strohhalm:

- Gartenschere, Flasche, Band

Variante mit Strohhalm:
Mit einem Handbohrer wird ein kleines Loch (max. 2 cm tief) in den Stamm gebohrt, ein Stück Strohhalm in die Öffnung gesteckt und darunter eine Flasche zum Saftauffangen mit dem Band an den Stamm gebunden. Das Birkenwasser läuft oder tropft in die Flasche. Zum Schluss muss das Loch im Baum mit einen Stück Korken gut verschlossen werden.

Variante ohne Strohhalm:
Baumschonender ist es, einen ca. 2 cm dicken Ast mit einer Gartenschere abzuschneiden. Aus der Schnittfläche am Baum tropft das Birkenwasser, das man auffangen kann, indem man eine Flasche darüberstülpt.

Gießen Sie das frische Birkenwasser in eine Glaskaraffe. Die Kinder können die Minzzweige etwas mit den Fingern quetschen und in das Birkenwasser geben. Die Limonade muss ca. 30 Minuten im Kühlschrank durchziehen. Dann können Sie sie gemeinsam genießen.

ACHTUNG!

Der Baumsaft sollte direkt verarbeitet und getrunken werden. Lässt man ihn lange stehen, fängt er zu gären an und es entsteht ein alkoholhaltiges Getränk.

TIPP

Wenn Sie für die Limo nicht genug Birkenwasser zusammenbekommen, können Sie im Frühling zusätzlich welches im Bioladen oder Reformhaus in Flaschen bekommen.

Beas Birkenknospen-Brotaufstrich

Wenn im April die Knospen der Birke dicker werden, ist es Zeit, sie für diesen Brotaufstrich zu sammeln. Wenn man diesen Zeitpunkt verpasst hat, kann man den Aufstrich auch mit sehr jungen, hellgrünen Blättern machen.

Zutaten für ca. 10 Kinder:

- 2 EL Birkenknospen
- 400 g Frischkäse
- 2 TL Honig
- 5 Scheiben Brot

Material:

- Brett, Messer, Ess- und Teelöffel, Schüssel

So geht's:

Die gepflückten Knospen vorsichtig waschen. Mit dem Messer schneiden Sie die Knospen klein. Die Kinder können diese dann mit den weiteren Zutaten in einer Schüssel gut verrühren. Der Brotaufstrich kann nun auf die Brotscheiben gestrichen und gegessen werden.

Robins Räubersalz

Man kann die frischen Birkenblätter auch pur essen oder in den Salat geben. Für Herbst und Winter kann man sie haltbar machen. Ein einfaches Birkenblattgewürz lässt sich aus getrockneten, jungen Blättern herstellen. Für Räubersalz braucht man relativ viele Blätter, da durch das Zerkleinern das Volumen stark abnimmt. Allerdings wird gar nicht viel Räubersalz benötigt, um einen tollen Effekt zu erzielen. Verwenden kann man es als Brot-Topping auf Frischkäse oder Butter, Topping für eine Suppe oder Gemüse, z. B. Kartoffeln, Erbsen, Möhren.

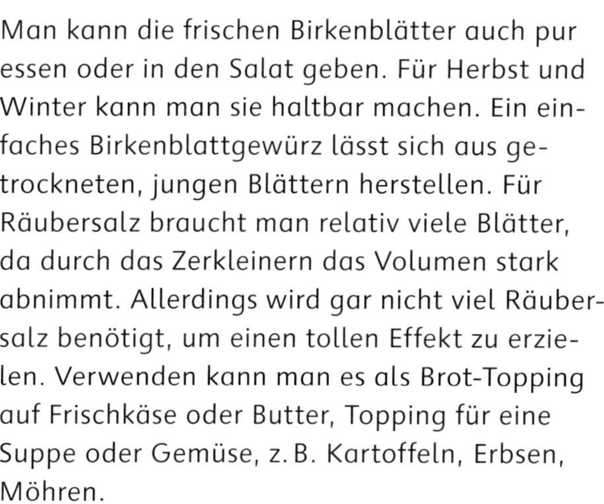

Zutat:

- junge Birkenblätter

Material:

- Backbleche, ggf. Handmörser oder elektrischer Zerkleinerer, Schüssel, Schraubglas zur Aufbewahrung

So geht's:

Die jungen, noch hellgrünen Blätter werden geerntet und für vier Tage zum Trocknen auf die Backbleche verteilt. Legen Sie nicht zu viele Blätter übereinander, damit alle trocknen können. Mischen Sie die Blätter immer mal wieder. Wenn die Blätter getrocknet sind und beim Durchmischen rascheln, können die Kinder sie zwischen den Fingern in eine Schüssel zerbröseln. Fertig ist das Räubersalz. Es kann in ein sauberes Schraubglas gefüllt und beschriftet werden.

TIPP

- Wer es feiner mag, kann die Kinder die Blätter auch mit dem Handmörser feiner mahlen lassen oder Sie nehmen dafür den elektrischen Zerkleinerer.
- Räubersalz wird gern als Salzalternative verwendet.

Die Birke im Sommer

Sabines Birkenblätterseife für Wäsche oder Hände

In den Blättern der Birken sind sogenannte Saponine, die auch in Efeu und Kastanien in größerer Menge zu finden sind. Deshalb ist es möglich, mit Birkenblättern zu waschen. Dafür werden die älteren, dunkelgrünen Blätter verwendet.

Material:

- Handvoll dunkelgrüne Birkenblätter
- Brett und Messer

Material für Variante für Wäsche:

- Stoffbeutel oder alte Socke, Schnur, Waschmaschine

Material für Variante für Hände:

- Schraubdeckelglas, warmes Wasser

So geht's:

Schneiden Sie die Blätter mit dem Messer auf dem Brett klein. Kinder können die Blätter auch zerreißen.

Variante für die Wäsche:

Füllen Sie die Blätter nun in den Stoffbeutel oder die Socke und verschnüren Sie dies, um das Päckchen dann als Waschmittel mit in die gefüllte Waschmaschine zu geben.

Variante für die Hände:

Geben Sie die Blätter in das Schraubglas und füllen Sie warmes Wasser auf. Verschließen Sie das Glas und lassen Sie es von den Kindern schütteln. Mit diesem Blätterwasser kann man sich dann die Hände waschen. Bitte jedes Mal frisch zubereiten, da die Naturseife keine Konservierungsstoffe enthält und somit nicht lange (ca. ein bis zwei Tage) haltbar ist.

Bellas Birkenblätterfarbe

Man kann Birkenblätter zum Färben von Wolle in der Farbe Gelb verwenden oder daraus Farbe zum Malen herstellen. Je dunkler die Blätter sind, desto mehr Farbstoffe sind enthalten.

Material:

- Birkenblätter, alter Kochtopf, Herd, Wasser, Kochlöffel, Sieb, Schüssel, Kleister, Schneebesen

So geht's:

Die Kinder zerreißen die Blätter und legen sie in den Topf. Sie geben so viel Wasser hinzu, dass die Blätter bedeckt sind. Eine erwachsene Person schaltet den Herd mit dem Topf darauf an, bringt den Sud zum Kochen und begleitet den Kochvorgang. Die Kinder können mit dem Kochlöffel immer wieder umrühren. Nach ca. 15 Minuten Kochzeit wird der Topf vom Herd genommen und kann erst einmal abkühlen. Anschließend wird der Sud durch das Sieb in die Schüssel gegossen. Das Kleisterpulver wird mit dem Schneebesen eingerührt. Lassen Sie alles ziehen Fertig ist die Fingerfarbe!

TIPP

Kocht man rohe Eier vorsichtig mit den Birkenblättern mit, bekommt man gelb gefärbte Eier. Intensiver wird es, wenn man noch etwas Pottasche hinzugibt.

Sandras Samenbomben

Um dem Wind bei der Verbreitung der Samen zu helfen, können die Kinder Samenbomben herstellen, die nach Absprache mit den Grundstücksbesitzenden verteilt werden können. Es ist schön, neben Birkensamen auch andere heimische Samen hinzuzufügen. Insektenfreundliche Pflanzen, vor allem Brennnesseln, Spitzwegerich, Ringelblumen, Kornblumen, Kapuzinerkresse, Kamille, Sonnenblumen und Klatschmohn, aber auch selbst gesammelte Wildblumensamen, wie Löwenzahn etc., sind besonders geeignet.

Material:

- Birkensamen und andere Samen
- Tonpulver oder Katzenstreu aus reinem Betonit oder Heilerde
- Erde von draußen oder torffreie Blumenerde
- Wasser
- Schüssel
- Rührlöffel
- alte Zeitung oder Eierkartons
- ggf. Nudelholz oder Mörser

So geht's:

Wenn Katzenstreu/Betonit verwendet wird, sollte dies möglichst fein mithilfe von Mörser oder Nudelholz gemahlen oder zerstoßen werden. Mischen Sie je 10 EL Erde und Betonit/Tonpulver/Heilerde in der Schüssel und geben 1 EL Samen hinzu. Gießen Sie so lange Wasser in kleinen Mengen hinzu, bis eine knetbare, feste Masse entstanden ist. Formen Sie diese zu walnussgroßen Bällchen und lassen Sie diese auf dem Zeitungspapier oder in den Eierkartons drei Tage trocknen.

Die Samenbomben können die Kinder an kahlen Stellen in der Umgebung ablegen oder an schlecht zu erreichende Orte werfen, wenn sie keine Privatgrundstücke oder Parks sind. Andernfalls bitte vorher fragen. Hilfreich für die Pflanzen ist, wenn die Kinder die Stelle bei trockenem Wetter ab und an gießen.

TIPP

Die Samenbomben sind bis zu zwei Jahre haltbar, wenn man sie trocken aufbewahrt. Sie eignen sich auch hervorragend als kleines Geschenk für einen lieben Menschen, z. B. als Dankeschön.

Petras Birkenpfeife

Mit etwas größeren Kindern und mit etwas Übung kann man auf der Rinde der Birke pfeifen.

Material:

- dünnes Stück Birkenrinde (so dick wie ein Blatt Papier)

So geht's:

Halten Sie das Stück Birkenrinde mit beiden Händen so vor den Mund, dass die Rindenkante die Lippen zwar leicht berührt, aber noch schwingen kann. Blasen Sie ganz leicht mit fast geschlossenem Mund auf die Kante der Rinde vor dem Mund. Die Rinde fängt an, zu schwingen, und es entsteht ein Ton.

Bettys Baummeditation

Material:
- Fläche mit Bäumen
- für jedes Kind ein paar Rosinen

So geht's:
Mit einer kleinen Gruppe Kinder gehen Sie zu einem Platz, an dem mehrere große, ungiftige Bäume in nicht zu großem Abstand voneinander stehen. Jeweils ein bis zwei Kinder suchen sich einen Baum aus und stellen sich an seinen Stamm. Dabei können sie sich aussuchen, ob sie sich mit dem Rücken oder mit dem Bauch an den Stamm anlehnen. Die Kinder können den Baum zuvor freundlich fragen, ob sie sich anlehnen dürfen. Begleitet werden die nächsten Minuten nun von folgendem Text, den Sie vorlesen:

Wer möchte, kann nun die Augen schließen. Gemeinsam atmen wir jetzt 3-mal tief ein und aus. Man darf es ruhig hören. Einmal ein – einmal aus. Und noch einmal ein – und aus. Ein letztes Mal ein und wieder ausatmen.

Stell dir vor, du bist der Baum, an den du dich gerade anlehnst. Groß und stark stehst du hier und wirst ganz ruhig. Deine Füße werden zu festen Wurzeln, die in den Erdboden gehen. Deine Haare werden zur Baumkrone, die weit in den Himmel reicht.

Was ein Baum wohl den ganzen Tag so macht? Wer ihn wohl besucht? Spitze mal deine Ohren! Kannst du etwas hören? Den Wind vielleicht oder einen Vogel? Das Summen von Bienen oder das Klettern eines Eichhörnchens? Oder ein Auto?

Was kannst du riechen als Baum? Den süßen Nektar in den Blüten? Die Straße nebenan? Die frischen Blätter oder Nadeln? Atme tief ein, um zu riechen, was es hier zu schnuppern gibt! Riechst du die frische Luft, die du mit deinen Blättern machst?

Was kannst du fühlen? Wie fühlt sich deine Rinde an? Rau? Glatt? Und deine Blätter? Wie fühlen sie sich an? Weich? Zäh wie Leder? Hast du schon Früchte? Wie fühlen sie sich an? Sind sie hart oder weich?

Kannst du das warme Sonnenlicht spüren, wie es dich und deine Blätter trifft? Öffne einmal die Augen und schaue nach oben in deine Baumkrone. Kannst du das viele Grün sehen? Was für unterschiedliche Grüntöne kannst du erkennen? Siehst du vielleicht noch mehr? Welche Farben hat dein Stamm? Sind andere Pflanzen an deinem Stamm? Deine Früchte, wie sehen sie aus? Schaue nach unten, welche Farben hat der Boden, in den deine Wurzeln hineingehen? Ist der Boden aufgewühlt oder glatt?

(jedem Kind ein paar Rosinen geben)
Rieche mal an den Früchten in deiner Hand. Wonach riechen sie? Nun schmecke mal, wie Früchte schmecken können. Sind sie süß? Oder vielleicht bitter? Wie fühlen sie sich im Mund an? Sind sie hart oder weich? Genieße sie langsam im Mund. Wenn du die Früchte gegessen hast, schließe noch einmal deine Augen. Gemeinsam atmen wir jetzt 3-mal tief ein und aus. Man darf es ruhig hören. Einmal ein – einmal aus. Und noch einmal ein – und aus. Ein letztes Mal ein- und wieder ausatmen.

Nun löse dich langsam von deinem Baum, bedanke dich bei ihm und recke und strecke dich, damit du wieder im Hier und Jetzt ankommst.
Wenn die Kinder es möchten, können sie von ihrem Baumgefühl erzählen.

Die Birke im Herbst

Helgas Hexenbesen

Wenn der Wind wild durch die Bäume fegt, ist bald Halloween-Zeit. Für alle kleinen Hexen und die, die es dann werden wollen, liefert die Birke etwas Wichtiges: Reisig.

Material:

- Birkenreisig (vom Boden aufgesammelt)
- für jedes Kind ein langer Stock
- Draht oder starker Bindfaden

So geht's:
Die Kinder legen das gesammelte Reisig an den dickeren Enden zusammen. Davon nimmt nun jedes Kind so viel, wie ungefähr zwei Hände umfassen können. Dieses Reisigbund bindet man nun mit dem Band am oberen, dickeren Ende zusammen. Anschließend steckt man den langen Stock als Besenstiel mitten in das Reisigbund und bindet noch einmal Band herum, damit die Reisigzweige nicht auseinanderfallen. Fertig ist der Hexenbesen!

TIPP

Ohne den Stock als Besenstiel und mit weihnachtlicher Dekoration kann das Reisigbündel als Nikolausrute gestaltet werden und im Winter zur Dekoration aufgestellt werden.

Bettis bunte Birkenzucker-Kräuterbonbons

Aus dem Saft der Birke kann ein Zucker hergestellt werden. Dieser ist oft in Zahnkaugummis enthalten, weil dieser Zucker von den Bakterien im Mund nicht umgesetzt werden kann. Dieser Zucker heißt „Xylit" oder auch „Birkenzucker". Man bekommt ihn im Reformhaus oder im Bioladen.

Zutaten:

- 100 g Xylit
- 1–2 EL getrocknete, essbare Blüten(blätter), z. B. Holunder, Rose

Material:

- Topf, Rührlöffel, Herd, Backblech mit Backpapier, Teelöffel, Waage

So geht's:
Die Kinder zerbröseln die Blütenblätter mit den Fingern. Wiegen Sie 100 g Xylit ab, geben Sie es in einen Topf und lassen Sie ihn auf dem Herd bei mittlerer Temperatur schmelzen. Das geht recht schnell. Und er ist sehr heiß! Nehmen Sie den Topf vom Herd und rühren Sie die Blütenblätterbrösel ein. Mit dem Teelöffel kleine Kleckse der Masse auf etwas Backpapier geben und erkalten lassen. Fertig sind die bunten Kräuterbonbons.

ACHTUNG!

Der Verzehr von größeren Mengen Xylit kann zu Durchfallerscheinungen führen. Unsere Darmbakterien müssen sich erst an diesen Zucker gewöhnen.

Natalies Naturzahnpasta

Da der Birkenzucker den Bakterien im Mundraum keine Nahrung liefert, kann er zur Herstellung einer Zahnpasta verwendet werden!

Zutaten:
- ½ TL Natron
- 1,5 TL Kokosöl
- 1 Msp. Kurkuma
- 1–2 Pr. Xylit

Material:
- Schale, Teelöffel, kleine Dose zum Abfüllen, Etiketten und Stift zur Beschriftung

So geht's:
Alle Zutaten von den Kindern abmessen und in der Schale verrühren lassen. Anschließend füllen Sie die Zahnpasta in die kleine Dose und beschriften sie. Zur Verwendung eine ca. erbsengroße Menge der Zahnpasta auf die Zahnbürste geben und wie gewohnt die Zähne putzen. Anschließend den Mund ausspülen.

TIPP

Im Kapitel der Linde gibt es eine Anleitung, wie eine Naturzahnbürste hergestellt werden kann (siehe S. 46).

Bertrams Blätterfilzen

Das Trockenfilzen mit einer Plätzchenausstechform ist schon für jüngere Kinder möglich und es ergeben sich schnell schöne Formen.

Material:
- Märchenwolle, unifarben oder herbstblätterbunt
- Trockenfilznadel
- trockener Schwamm als Filzunterlage
- Ausstechform für Plätzchen in Blattform

So geht's:
Legen Sie die Ausstechform auf den Schwamm und füllen Sie sie locker mit Märchenwolle. Nun stechen Sie oder die Kinder mit der Filznadel immer wieder in die Wolle, auch entlang der Form. Die Widerhaken an der Nadel verfilzen die Wollfäden miteinander. Heben Sie die Ausstechform mit der Wolle immer wieder vom Schwamm ab, sonst wird die Wolle am Schwamm festgefilzt. Wenn aus der bauschigen Wolle eine feste, flache Struktur geworden ist, kann das Filzblatt aus der Form genommen werden.

TIPP

An Bindfäden in ein Fenster gehängt, sind die Blätter eine schöne Dekoration, an einen Zweig gebunden, bilden sie ein schönes Herbstmobile und alle Blätter als Fläche zusammengenäht, können ein schöner Tischschmuck sein.

Linas Lichterfest-Laternen

Material:
- frische Birkenblätter in Herbstfarben (oder andere ungiftige Blätter)
- Kleister, Wasser und Schüssel
- saubere Schraubdeckelgläser ohne Deckel
- Pinsel
- Draht
- ggf. kräftiges Band
- ggf. Materialien zur Dekoration (kleine Perlen, bunte Papierschnipsel)
- LED-Teelicht

So geht's:
Den Kleister dickflüssig anrühren. Die Kinder bestreichen die Marmeladengläser damit und drücken die frischen Blätter (getrocknete würden zerbrechen) darauf. Die Blattränder mit etwas Kleister bestreichen, damit sie gut am Glas anliegen. Nach Bedarf verzieren.

Die Gläser trocknen lassen. Für ein Tischlicht das Glas mit einem LED-Teelicht bestücken. Für eine Martins-Laterne das obere Glasende am Gewinde mit Draht umwickeln, sodass auf einander gegenüberliegenden Seiten jeweils eine Schlaufe entsteht, die dann mit einem Band oder Draht verbunden werden. Alternativ kann mit dem Draht ein Bügel gebogen werden.

Die Birke im Winter

Birgits Birkenrindenpapier-Windlicht und Weihnachtsbaumschmuck

Schon vor sehr langer Zeit nutzte man die Rinde der Birke als Papier. Von einer gefällten Birke kann man vorsichtig dünne Schichten der Rinde abziehen. Manchmal sieht man auch an einem noch lebenden Baum, dass sich die Rinde ablöst.

Material:
- Rinde von gefällten Birkenstämmen
- Filzstifte und Schere
- Prickelnadel
- Bindfaden oder Schmuckdraht
- Schraubdeckelglas
- LED-Kerze

So geht's: Auf dünnen Rindenstreifen können die Kinder mit Stiften malen oder schreiben. Sie können sie auch in verschiedene Formen schneiden und so z. B. Weihnachtsbaumschmuck herstellen. Hat man ein größeres Stück dünne Rinde, kann man ein Windlicht daraus gestalten. Dafür können die Kinder mit der Prickelnadel in die Rinde Muster stechen. Die Rinde wird anschließend um ein Glas gelegt und mit einem Bindfaden oder Schmuckdraht rundherum befestigt. Eine LED-Kerze in der Mitte des Glases sorgt für schöne Muster auf dem Tisch!

TIPP

Nehmen Sie Plätzchenausstechformen als Vorlage für die Formen. Die Kinder können auf der Rinde an deren Rand mit dem Stift entlangfahren und die Formen anschließend ausschneiden.

Kristians Naturkleiderbügel

Material:

- Birkenzweige, fingerdick, ca. 40 cm lang
- kleine Astgabel max. bleistiftdick
- Handbohrer in der Astgabeldicke
- flüssiger Klebstoff
- Gartenschere, ggf. Messer

So geht's:

Lösen Sie die Rinde der Birke mit den Fingern vom Zweig. In der Mitte des Zweigs nun ein Loch bohren, in das ein Ende der Astgabel hineinpasst. Das Ende der Astgabel ebenfalls entrinden und in das Loch kleben. Wenn es getrocknet ist, mit der Gartenschere eine Seite der Astgabel kürzen, sodass ein Haken entsteht. Fertig ist der Kleiderbügel.

Bernhards Birkenstamm-Weihnachtsmann

Wenn Ihnen jemand mit Erfahrung und einer Säge hilft, können Kinder einen Birken-Weihnachtsmann basteln.

Material:

- Birkenstammstück, ca. 10–15 cm Ø, ca. 80 cm lang
- Watte (für Haare, Bart)
- flüssiger Klebstoff
- roter Filz (für Mütze, ggf. Mantel)
- Knöpfe oder Kugeln/Kastanien o. Ä. (für Augen, Nase)
- Stifte

So geht's:

Das Stammstück in der Mitte schräg (ca. 45°-Winkel) durchsägen lassen. Das sind zwei Grundkörper für je einen Weihnachtsmann. Die schräge Fläche ist das Gesicht, das die Kinder nun gestalten: aus Filz eine Zipfelmütze formen und ankleben, daran etwas Watte. Watte-Bart und -Haare basteln.

Aus Knöpfen o. Ä. Augen und Nase gestalten und einen Mund malen. Wenn noch roter Filz übrig ist, können die Kinder ihn um den Stamm als Mantel festkleben.

TIPP

Wenn man nur kleine Äste hat, kann man sie selbst mit einer kleinen Handsäge schräg durchsägen und kleine Weihnachtsmänner basteln. Wenn sie sich nicht hinstellen lassen, kann man sie in einen Blumentopf mit Vogelsand stecken und zur Dekoration auf die Fensterbank oder den Tisch stellen.

GEDICHT-TIPP

Wie wäre es mal mit einem neuen Tischspruch für das gemeinsame Frühstück oder Mittagessen, z. B. mit *„Erde, die uns dies gebracht"*?

Die Weide

(*Salix spec.*)

Familie: Weidengewächse *(Salicaceae)*

- Es gibt von diesem sommergrünen Baum einige Arten. Häufig bei uns zu finden sind die Silberweide *(Salix alba)* und die Salweide (Palmweide) *(Salix caprea)*. Beide sehen unterschiedlich aus, werden aber gleich verwendet.

Die Weide

Daran kann man sie erkennen:

- Weiden haben eine graubraune, gefurchte Rinde.
- Die Silberweide hat lange, lanzettförmige Blätter, die an der Unterseite silbrigweiß sind. Die Blätter der Salweide sind dagegen eiförmig und an der Unterseite filzig behaart. Die Blattoberseite beider Weidenarten ist kahl und grün bis dunkelgrün.
- Die männlichen Blüten der Salweide kennt man als Weidenkätzchen im Frühling. Die weiblichen Blüten, die am selben Baum sitzen, sehen walzenförmig und stachelig aus.
- Die Blüten erscheinen vor den Blättern. Die männlichen und weiblichen Blüten der Silberweide, die gleichzeitig mit den Blättern wachsen und ebenfalls am selben Baum zu finden sind, sind länglicher als die weiblichen Blüten der Salweide, sehen ihnen sonst aber im Aufbau ähnlich.
- Die Samen beider Weidenarten erscheinen im Sommer und sehen aus wie fluffige Watte mit kleinen, braunen Punkten. Diese „Watteknäule" schweben durch die Luft und sammeln sich wie „Wollmäuse" gern in Gartenecken.
- Die Samen sind Lichtkeimer und nur kurze Zeit keimfähig. Die Vermehrung findet verstärkt über das Austreiben von Stecken und deren Wurzelbildung statt.

Dann blüht sie:
Salweide: März bis April
Silberweide: April bis Mai

Dann reifen ihre Samen:
Ende Mai bis Juli

So alt kann sie werden:
Salweide: bis 60 Jahre
Silberweide: bis 200 Jahre

So groß kann sie werden:
Salweide: 10 m
Silberweide: 35 m

Dort kann man sie finden:
Salweide: an Wald- und Wegrändern, auf Brachflächen; Silberweide: in Wassernähe an See-, Bach- oder Flussufern, in Auwäldern

Das kann man von ihr verwenden:
Knospen, Blätter, Rinde, Zweige

Baum des Jahres:
Silberweide: 1999

Besonderheiten:

- Die Weide kann erstaunlich gut mit Wasser und Überschwemmungen umgehen. Sie liebt die Wassernähe, ist ein Schnellwurzler und unglaublich vital. Steckt man eine Weidenrute – beispielsweise vom Weidenkätzchenstrauß (Palmstrauß) zu Ostern aus dem Gartencenter oder von einer aus Gründen gefällten Weide – in die Erde oder auch nur ins Wasser, treiben die Stecken fast immer Wurzeln. Daher kann man aus Weidenruten sehr gut „lebendige Zäune" und Beeteinfassungen machen oder auch Hütten und Gänge anlegen, da die Weide einfach weiterwächst.
- Durch diese Eigenschaft der Weide sind auch die sogenannten Kopfweiden bekannt, deren Zweige in einem bestimmten Rhythmus vollständig abgeschnitten werden. Die beschnittenen Stämme der Weide treiben immer wieder aus. Die geernteten Weidenruten sind sehr biegsam und werden traditionell in der Korbflechterei oder als Innengerüst (Gefache) von Lehmwänden beim traditionellen Hausbau verwendet. Dafür wird eher die Silberweide verwendet.
- Weidenruten dürfen nur von Oktober bis Ende Februar geschnitten werden, da sie ab dem 1. März für die Bienen zur Verfügung stehen sollen. Sie sind aufgrund ihrer frühen Blütezeit wichtiges Insektenfutter im zeitigen Frühling.
- Als Heilpflanze wurde die Rinde der Weide durch das darin enthaltene Salicin als Schmerz- und Fiebersenkungsmittel verwendet. Noch heute nimmt man die chemisch nachgebaute Substanz Acetylsalicylsäure (kurz ASS) für ebendiese Zwecke.
- Die Knospen der Weide sind essbar und bereichern als Topping Salate und Brote mit ihren gesunden und konzentrierten Inhaltsstoffen.

Wie die Weide zu ihren Kätzchen kam

Eine sehr alte und weise Weide stand am Ufer eines Flusses. Oft wurde sie von Tieren besucht, denn sie kannte die schönsten Geschichten, die sie ihnen mit ihrer freundlichen Stimme erzählte. Sie kannte so viele Geschichten, weil sie schon so viele Jahre am Flussufer stand und den Erzählungen des Flusses lauschte, der schon viel länger da war als die Weide selbst. Der Frosch kam früh am Morgen, um ihr zuzuhören, die Vögel waren dann oft auch schon da und saßen in ihren Zweigen. Am Tage kamen auch mal Rehe und Füchse. Abends schaute der Igel gern bei ihr vorbei und des Nachts freuten sich Fledermaus und Eule, Neues von ihr erfahren zu können. Nur im Winter, wenn die Natur eine Pause macht, war es ruhig um die Weide. Sie konnte es kaum erwarten, wenn das Gewusel um sie herum wieder begann. Dafür musste sie meist bis April warten und diese Zeit kam ihr so unendlich lang vor.

Eines Tages im Frühling kam eine Wildkatze mit ihren Jungen zum Flussufer. Ihre Kinder waren noch sehr klein und es war ihr erster Ausflug. Dementsprechend aufgeregt waren die kleinen Kätzchen. Sie spielten und kletterten am Flussufer herum und hatten viel Spaß im warmen Sonnenschein. Doch plötzlich rutsche ein kleines Kätzchen vom Ufer in die Strömung des Flusses und konnte sich nicht festhalten. Die anderen Kätzchen versuchten, ihrem Geschwisterchen zu helfen, aber alle fielen ins Wasser und trieben zur Mitte des Flusses. Verzweifelt versuchte die Katzenmutter, ihre Kinder zu retten, aber sie konnte sie mit ihren Pfoten nicht mehr erreichen. Die alte Weide beobachtete die schreckliche Situation und reagierte sofort. Sie hielt ihre langen Zweige in das Wasser, sodass sich die kleinen Kätzchen daran festhalten und wieder zur Mutter ans Ufer klettern konnten. Das war eine Aufregung! Die Katzenmutter bedankte sich bei der alten Weide für ihre Hilfe. Die kleinen Kätzchen ließen sich in der Sonne trocknen und gingen schließlich mit ihrer Mutter nach Hause. Das war genug Aufregung für den ersten Ausflugstag!

Der alte Baumgeist, der sich um die Bäume kümmert, hatte die Hilfe der Weide beobachtet. Er war so gerührt, dass er der Weide dafür ganz weiche, puschelige Blüten schenkte, die sich jedes Jahr schon im März öffneten. So bekam die alte Weide schon früher im Jahr Besuch von unzähligen Bienen und Hummeln, denen sie ihre Geschichten erzählen konnte. Diese Blüten nennt man Weidenkätzchen!

Die Weide im Frühling

Pauls Puschel-Pinsel zum Malen oder Streicheln

Material:

- Weidenkätzchen (noch fest und kompakt)
- Schaschlikspieße aus Holz
- ggf. flüssiger Klebstoff
- Fingermalfarbe

So geht's:

Ein Schaschlikspieß wird mit der Spitze in das breitere Ende eines Weidenkätzchens gesteckt und ggf. festgeklebt. Mit diesem Pinsel kann man nun mit Fingermalfarbe auf Papier malen oder auch sich gegenseitig über den Arm streichen und feststellen, wie weich die Weidenkätzchen sind.

Wendys weiche Ostereier

Material:

- Weidenkätzchen (noch fest und kompakt)
- Schaschlikspieße aus Holz
- ggf. flüssiger Klebstoff
- Kunststoff-Eier für ältere Kinder, feste Pappe für kleinere Kinder
- Bindfäden

So geht's:

Für kleinere Kinder eignen sich flache, zweidimensionale Eier aus Pappe besser als dreidimensionale Kunststoffeier. Die Vorgehensweise ist aber die gleiche: Für die Anhänger aus Pappe zeichnen die Kinder mithilfe eines*einer Erwachsenen ein Ei auf und schneiden es aus. Bohren Sie am oberen Ende des Papp-Eis ein Loch mit dem Schaschlikspieß, fädeln Sie ein Stück Bindfaden zum Aufhängen hindurch und verknoten Sie ihn. Die Flächen des Eis bestreichen die Kinder nun nacheinander mit Klebstoff und belegen sie mit den Weidenkätzchen. Dabei kann man sie wild durcheinander legen oder geordnet in Reihen, bis die ganze Fläche bedeckt ist. Ältere Kinder bekleben Kunststoff-Eier mit Weidenkätzchen, die zur einfacheren Handhabung auf einen Schaschlikspieß gesteckt werden. Nachdem die Eier liegend getrocknet sind, können sie zur Dekoration aufgehängt werden.

Waltrauts Weidenkätzchenschmuck

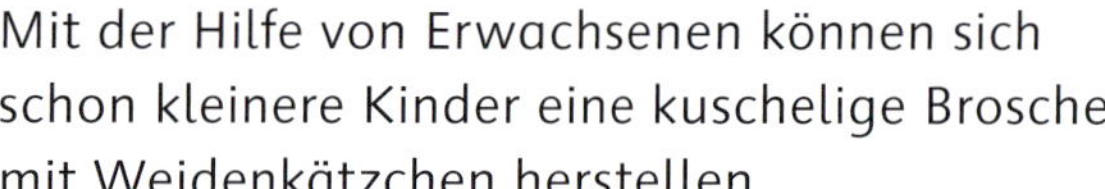

Mit der Hilfe von Erwachsenen können sich schon kleinere Kinder eine kuschelige Brosche mit Weidenkätzchen herstellen.

Material:

- Weidenkätzchen
- Sicherheitsnadeln

So geht's:

Einige Weidenkätzchen werden auf eine Sicherheitsnadel gesteckt. Die Nadel kann dann an die Jacke, den Pullover oder die Tasche gesteckt werden. Fertig ist die puschelweiche Brosche!

Wilmas Weidenknospen-Zwiebackklößchen

Diese kleinen Klößchen sind eine wunderbare Einlage für klare Suppen.

Zutaten:
- 1 EL Weidenknospen
- 8 Zwiebäcke
- 2 Eier
- 1 EL Butter
- je 1 Pr. Salz und Muskatnuss
- klare Suppe oder Gemüsebrühe im Topf auf dem Herd

Material:
- sauberes Geschirrtuch, Glasflasche oder Nudelholz, Schüssel, Gabel, Löffel, Brettchen, Messer

So geht's:
Die Zwiebäcke zwischen das einmal gefaltete Geschirrtuch legen und die Kinder diese mit dem Nudelholz bzw. der Flasche zu kleinen Krümeln (ähnlich wie Semmelbrösel) zerdrücken lassen. Schneiden Sie die Weidenknospen fein. Alle Zutaten in der Schüssel zunächst mit der Gabel verrühren und anschließend mit den Händen kneten. Den Teig zu kleinen (max. haselnussgroßen) Kugeln formen und sie in der heißen Suppe oder Brühe (nicht kochend) für 10 Minuten ziehen lassen. Guten Appetit!

Annes Astgabelosterhase

Material:
- Astgabel
- Blumentopf
- Gips
- alte Schüssel
- Rührlöffel
- Wasser
- Stifte und Papier
- Wackelaugen
- Wollfäden oder Pfeifenputzer

So geht's:
In der Schüssel wird nach Packungsanweisung Gips angerührt und in den Blumentopf gegossen. Stecken Sie die Astgabel hinein, sodass zwei Enden wie Hasenohren nach oben abstehen. Ist der Gips hart geworden, können die Kinder dem Hasen „Leben einhauchen", indem sie ihn mit Augen (Wackelaugen oder aus Papier), Schnurrhaaren, Zähnen usw. ausstatten. Die Schnurrhaare können aus Papier, Wollfäden oder Pfeifenputzern gebastelt werden.

TIPP

Wenn man später zwischen den Ohren Wollfäden spannt, können die Kinder den Astgabelosterhasen als Naturwebrahmen verwenden und allerlei Naturmaterialien zwischen den Ohren verweben.

Wandelbare Weidenringe

Material:
- Weidenruten, Bindfaden und Schere

Material für die Variante für Wurfringe:
- Holzstöcke

Material für die Variante für Burgfräuleinhaarschmuck:
- bunte, lange Bänder

Material für die Variante für Traumfänger:
- Perlen, Federn, Bänder, Bindfaden

Material für die Variante für Insekten- und Vogeltränke:
- flache Schale, Bänder, kleine Kieselsteine, Wasser

So geht's:
Für jede Bastelei ist der erste Schritt derselbe: Es wird ein Ring in individueller Größe gebunden. Dafür wird ein Weidenzweig ringförmig zusammengelegt und mit einem Bindfaden so lange umwickelt, bis er sich nicht mehr löst.

Variante für Wurfringe:
So wird gespielt: Für das Wurfspiel werden draußen ein paar Stöcke in den Boden gesteckt. Die Kinder versuchen, den Weidenring so zu werfen, dass dieser über einen Stock auf den Boden fällt. Im Gruppenraum können statt der Stöcke auch Kegel verwendet werden.

Variante Burgfräuleinhaarschmuck:
Wählen Sie den Weidenringdurchmesser so, dass der Ring gut auf dem Kopf des Kindes sitzt. Das Kind umwickelt den Weidenring mit bunten Bändern. Dabei können die langen Enden an einer Stelle des Rings herunterhängen. Diese Seite sitzt dann später am Hinterkopf.

Variante Traumfänger:
Die Kinder weben bzw. binden ein Band kreuzweise über der Innenfläche des Weidenrings bis ein Netz entsteht. Dabei können Perlen aufgefädelt werden. Anschließend werden an einer Seite des Rings bunte Bänder angeknotet, auf die wiederum Perlen gefädelt und Federn angeklebt oder angeknotet werden. Auf der anderen Seite wird ein Aufhängfaden angeknotet.

Variante Insekten- und Vogeltränke:
Wählen Sie den Weidenringdurchmesser so, dass die flache Schale gut hineingesteckt werden kann. An drei oder vier Stellen des Weidenrings wird je ein langes Band angeknotet. Diese werden so zusammengefasst und verknotet, dass die Schale gerade hängt. Hängen Sie die Schale draußen auf. Die Kinder legen kleine Kiesel als Landefläche für die Insekten hinein und füllen Wasser hinein, sodass die Kiesel herausschauen. Bitte das Wasser regelmäßig wechseln und auch die Kiesel ab und an unter fließendem Wasser abwaschen!

TIPP
Lässt die Biegsamkeit der Weidenruten nach, weil sie schon zu trocken sind, einfach über Nacht in Wasser legen.

Die Weide im Sommer

Rikes Rindenarmbänder

Von den jungen, ca. zwei Jahre alten Zweigen der Weide kann man die Rinde leicht abschälen.

Material:

- Weidenruten
- Messer/Schere
- bunte Bänder
- Perlen mit größerem Loch (z. B. Bügelperlen)

So geht's:
Von den weichen Weidenruten können die Kinder die Rinde leicht mit den Fingern in langen Strängen abziehen. Als erwachsene Person kann man ggf. mit dem Messer für einen Anfang einen kleinen Längsschlitz am dickeren Ende der Rute schneiden. Aus den Strängen, die mit der Schere noch schmaler geschnitten werden können, kann man Freundschaftsarmbänder flechten. Dabei können gern auch bunte Bänder mit eingeflochten werden oder – wenn das Flechten noch zu schwierig ist – einen einzelnen Strang als Armband nehmen. Wenn dieser dünn genug ist, kann man auch Perlen auf das Armband fädeln. Um das Armband zu schließen, kann man mit bunten Bändern, die an jedem Strangende angebunden werden, einen Verschluss mit einer Schleife machen.

TIPP

Kürzere Rindenstücke bitte aufbewahren, damit kann man einen fiebersenkenden Tee kochen.

Berenikes Blattbilder

Die Form vieler Weidenblätter kann man zum Gestalten von Bildern verwenden. Auch die watteartige Gestalt der Weidensamen ist geeignet. Man kann auch Blätter anderer ungiftiger Bäume verwenden.

Trockendauer: ca. 1 Woche

Material:
- Blätter und Samen der Weide
- kleine, dünne Zweige
- Zeitungspapier
- Dose oder Glas
- schwere Bücher
- Stifte
- Papier
- flüssiger Klebstoff

So geht's:
An einem trockenen Tag sammeln die Kinder Weidenblätter und Samen. Die Blätter werden zwischen Zeitungspapier gelegt und in den Büchern gepresst. Nach ca. einer Woche sind die Blätter trocken. Die Samen werden unterdessen in einer Dose oder einem Glas gelagert. Aus den Blättern und dünnen Zweigen kann man auf dem Papier nun Figuren legen.
Mit weißem Samenhaar werden Wolken oder Landschaften (Bäume) geformt.

Baumgeister und andere Fabelwesen

Ton haftet gut an der Rinde der Weide (oder anderer ungiftiger Bäume). Wenn der Baum nicht auf dem Gelände der Einrichtung steht, bitte eine Erlaubnis einholen.

Material:

- Weide
- feuchter Ton
- Blätter und Samen der Weide
- kleine, dünne Zweige
- weiteres Naturmaterial
- evtl. kleine Schale mit Wasser

So geht's:

Geben Sie den Kindern ca. handgroße Tonklumpen. Diese können sie an den Stamm der Weide drücken. Auch aus dem Ton geformte Wesen und Figuren können die Kinder auf die Äste oder unten auf den Boden an den Stamm setzen. Mit den Blättern, Samen und Zweigen können die Wesen gestaltet werden.

Die Tonmasse am Stamm kann zum Gesicht geformt und verziert werden, als würde ein Baumgeist aus dem Stamm herausschauen. Da es sich um Naturmaterialien handelt, können die Wesen in der Natur verbleiben. Bei jedem Besuch können die Kinder beobachten, wie sich die Wesen mit der Zeit verändern und wie die Materialien von allein wieder der Natur zugeführt werden.

Die Weide im Herbst

Ramonas Recycling-Baumtasche

Material:

- altes T-Shirt
- Stoffmalfarbe
- Schere

So geht's:

Auf die Vorder- oder/und Rückseite des T-Shirts malen die Kinder einen großen Baum oder ein anderes Waldsymbol. Unten am Saum werden rundherum Fransen von ca. 5 bis 10 cm Länge geschnitten. Nun werden diese Fransen diagonal miteinander verknotet, sodass das untere Ende des T-Shirts geschlossen wird. Schneiden Sie die Ärmel und den Halsausschnitt aus, sodass zwei Träger (Ärmelnaht) stehen bleiben. Fertig ist die Baumtasche.

Hanjos Herbsthäuschen

Wie man draußen im Großen Weidenwände anlegen und flechten kann, geht das auch im Kleinen: So entstehen wunderbare Elfen- und Wichtelhäuschen.

Material:

- Baumscheiben oder Holzbretter (ca. DIN A4 oder quadratisch)
- Weidenruten
- Gartenschere
- ggf. Handbohrer
- Ton
- Naturmaterial für den Hausbau (Zweige, Moos, Gras, Steine, Muscheln, Blätter, aber auch Schaschlikspieße und Zahnstocher)

So geht's:

Schneiden Sie die Weidenruten mit der Gartenschere in bleistiftlange Stücke. Für ältere Kinder bohren Sie in die Baumscheibe oder die Holzplatte Löcher im Umriss des Häuschens. In diese stecken die Kinder dann die Weidenruten. Jüngere Kinder können die Weidenrutenstücke mithilfe des feuchten Tons für die Wände des Häuschens aufstellen. Die Wandstreben werden nun mit Naturmaterial zu Wänden gewebt. Dafür werden dünne Zweige oder Grashalme immer abwechselnd mal vor und mal hinter den Weidenrutenstücken entlanggeführt.

Auch beim Dach ist der Fantasie keine Grenze gesetzt. Beispielsweise können lange Grashalme an einem Ende zusammengebunden werden und an einem längeren Weidenstock mittig im Haus aufgestellt werden (befestigt mit Ton oder einem Loch in der Holzplatte) und mit den anderen Enden auf die Wände gelegt werden. Oder man nimmt große Blätter dafür.

Aus kurzen Stöckchen können kleine Möbel, eine Feuerstelle, Schaukel o. Ä. gebaut werden. Wenn die Kinder ihre Bewohner*innen nicht selbst bauen möchten, kann man auch Spielfiguren verwenden.

TIPP

Ist das Wetter draußen angenehm, kann man die Weidenrutenstücke auch direkt in die Erde stecken und dann ein Haus daraus gestalten. Die Kinder können mit der Zeit eine Veränderung durch die Witterung wahrnehmen und wie der Natur das Material zurückgegeben wird – wie es dem LandArt-Gedanken entspricht.

Die Weide im Winter

Tildas Tipi und Weidengeheimgänge

Um ein Tipi und Gänge, die weiterwachsen, anzulegen, braucht es die Hilfe von Erwachsenen und viel Platz. Der Boden muss frostfrei sein. Die Salweide ist nicht gut geeignet, aber alle anderen Weidenarten.

Material:

- lange, kräftige Weidenruten
- Spaten
- Sand und Erde
- Schnüre aus Naturmaterial
- Gießkannen und Wasser

So geht's:

Wässern Sie die Weidenruten vor der Pflanzung. Im Winter kann man sie innen in Wassereimer stellen und so Wurzelwachstum anregen. Die Ruten dürfen nach dem Schnitt nicht austrocknen oder durchfrieren. Erst werden ein Standort (sonnig und feucht) und der Grundriss festgelegt. Entweder hebt man entlang des Grundrisses einen Graben oder im Abstand von 40 cm zueinander Löcher aus. Die Tiefe des Grabens bzw. der Löcher sollte ein Viertel der Rutenlänge betragen. Die unbewurzelten Ruten werden unten schräg abgeschnitten und mit diesem Ende in die Erde gesteckt. Die Löcher (bzw. der Graben) werden mit Sand und Erde gefüllt und festgedrückt. Die Ruten werden oben zusammengebunden: zu einem Tipi (rund, alle Zweige mittig) oder als Gang (immer die gegenüberliegenden Ruten). Nun gießen, bis die Ruten angewachsen sind und austreiben. Wenn sich Nebenzweige bilden, werden sie miteinander verwoben, so entsteht eine geschlossene Fläche. Schneller geht es, wenn neben jeden „Hauptstecken" noch weitere gepflanzt und zusammengebunden werden.

TIPP

Auf diese Weise lassen sich auch Zäune und Beeteinfassungen aus Weidenruten gestalten.

Zetnars Zaunkönignest

Bevor der Frühling beginnt, können die Kinder Bruthöhlen für Zaunkönige und andere Vögel flechten.

Material:

- Weidenruten
- Band aus Naturmaterial
- Messer
- lange Grashalme, Heu und Moos

So geht's:

Biegen Sie alle Enden von fünf Weidenruten hoch und binden Sie sie zusammen, sodass eine dreidimensionale Tropfenform entsteht. Die Kinder arbeiten diese Form aus: Gras, dünne Weidenzweige etc. mit den entstandenen Streben verweben. Ein Zaunkönignest hat ca. 16 cm Höhe und 13 cm Breite. An einer Seite sollte mittig ein Loch von ungefähr 3 cm Durchmesser als Einflugloch bleiben. Hängen Sie die Nester in Bäume/begrünte Wände, nicht höher als 2 m, Richtung Süden, Südosten oder Osten.

Die Linde

(Tilia spec.)

Familie: Malvengewächse *(Malvaceae)*

- Es gibt von diesem sommergrünen Baum mehrere Arten. Häufig bei uns zu finden sind die Sommerlinde *(Tilia platyphyllos)* und die Winterlinde *(Tilia cordata)*. Beide sehen sich zum Verwechseln ähnlich und werden auch gleich verwendet.

Die Linde

Daran kann man sie erkennen:

- Der Stamm der Linde ist eher kurz mit grober Rinde.
- Die Blätter sind herzförmig, langstielig und ihre Ränder sind gesägt. Die Blätter der Sommerlinde werden größer als die der Winterlinde. Oft ist ein herzförmiger Blattbogen am Stiel größer als der andere, sodass ein etwas schiefes Herz als Blattform entsteht.
- Im Unterschied zur Winterlinde sind die Blattoberseite, -unterseite und der Blattstiel der Sommerlinde behaart und daher sehr weich. Auch haben Blattober- und -unterseite die gleiche Farbe, während die glatte und unbehaarte Blattoberseite der Winterlinde dunkler ist als die Blattunterseite. In den Blattachsen auf der Unterseite der Sommerlindenblätter sind die Haare weiß und nicht braun wie bei der Winterlinde.
- Die Blüten der Sommerlinde sind zu zweit bis zu fünft an einem Tragblatt – die der Winterlinde umfassen bis zu zwölf Blüten. Dieses Tragblatt ist später ein Segel, das die Windverbreitung der Samen anschaulich unterstützt.
- Die Samenkapsel der Sommerlinde hat Kanten und lässt sich nicht gut zerdrücken. Die Samen der Winterlinde dagegen sind rund, ohne Kanten und lassen sich leicht zerdrücken.

Dann blüht sie:
Winterlinde: Juni bis Juli, Sommerlinde: Juni

Dann reifen ihre Samen:
September

So alt kann sie werden:
bis 800 Jahre, einzelne bis 1 000 Jahre

So groß kann sie werden:
Winterlinde: 25 bis 35 m
Sommerlinde: 35 bis 40 m

Dort kann man sie finden:
sonnige Hänge, mittlere Gebirgslagen, Parks, Alleen, Dorfplätze, Friedhöfe

Das kann man von ihr verwenden:
Knospen, Blätter, Samen

Baum des Jahres:
Sommerlinde: 2021, Winterlinde: 2016

Besonderheiten:

- Kulturgeschichtlich gilt die Linde als sehr bedeutsam. Sie war und ist mancherorts Treffpunkt der Dorfgemeinschaft. Unter ihren Zweigen wurde Gericht gehalten, aber auch getanzt (Tanzlinden). Warum nicht mal ein Fest im Sommer unter der duftenden Linde feiern?
- Aufgrund ihrer herzförmigen Blätter galt sie als Zufluchtsort von Liebenden und daher als Liebesbaum.
- Sie stimmt Richter „linde" und mild (Gerichtslinde). Sie hilft auch bei manchen Krankheiten und „lindert" diese. Schon unser Sprachgebrauch zeigt, wie bedeutsam sie für uns ist. Man spricht häufig von „Mutter Linde und Vater Eiche".
- Ein Tee aus Lindenblüten schafft Linderung bei Erkältungskrankheiten, da sie schweißtreibend wirken. Der Tee hat aber auch so ein wunderbares Aroma, das schon Kindern gut schmeckt. Er wirkt zudem leicht schlaffördernd und hat etwas Beruhigendes.
- Das Holz der Linde ist hell und weich. Es wird daher sehr oft und gern für Bildschnitzerei, Musikinstrumentenbau und zur Spielzeugherstellung verwendet.

LIEDER-TIPP

Zur Einstimmung können Sie die Lieder *„Der Lindenbaum"* von Wilhelm Müller (auch bekannt als *„Am Brunnen vor dem Tore"*) oder *„Kein schöner Land"* von Anton Wilhelm von Zuccalmaglio gemeinsam singen.

Die Linde im Frühling

Leos Lindenblätterbütterken

Zutaten:

- junge Lindenblätter
- Brotscheiben
- Butter oder Frischkäse
- Salz

Material:

- Brett, Messer

So geht's:

Eine Scheibe Brot wird mit Butter oder Frischkäse bestrichen und junge, hellgrüne Lindenblätter daraufgelegt. Wer mag, kann zuvor ein wenig Salz auf die Butter bzw. den Frischkäse streuen.

TIPP

Lindenblätter können wie Weinblätter (Dolmades) mit Gemüse oder Reis gefüllt werden.

Lisas Lindenknospen-Pfannenbrot

Zutaten für 12 kleine Fladen:

- 2 EL Lindenknospen
- 450 g Mehl
- 2 TL Backpulver
- 1 TL Salz
- 2 Pr. Zucker
- 240 ml Milch
- 10 EL Speiseöl
- Öl für die Pfanne

Material:

- Messer, Brettchen, Schüssel, Waage, Rührlöffel, Pfanne, Eieruhr, Pfannenwender

So geht's:

Schneiden Sie die Lindenknospen fein. Die Kinder verrühren alle Zutaten in der Schüssel und kneten sie anschließend. Die Masse wird in 12 Stücke geteilt und jeder Teil wird zu einem flachen Fladen geformt. Erhitzen Sie sehr wenig Öl in der Pfanne und geben Sie den ersten Fladen hinein. Stellen Sie die Eieruhr und drehen Sie den Fladen nach 2 Minuten mit dem Pfannenwender um. Nach weiteren 2 Minuten nehmen Sie den Fladen aus der Pfanne und stellen ihn warm. Mit den weiteren Fladen ebenso verfahren. Genießen Sie die Fladen noch warm.

Öngüls Ökoschleimi mit Knall

Material:
- frische Lindenblätter

So geht's:
Die Kinder sammeln frische Lindenblätter.

Variante Schleim:
Die in den Blättern befindlichen Schleimstoffe kann man herausbekommen, indem man das Blatt zwischen den Fingern knetet und zerreibt. Es wird ganz glitschig und schleimig. Um den Effekt zu verstärken, kann man beim Zerreiben sehr wenig Wasser auf das Blatt geben.

Variante Knall:
Die eine Hand formt man zu einem „Brunnen" (wie in dem Spiel: Schere – Stein – Papier). Auf das Loch des Brunnens wird ein Lindenblatt gelegt. Schlägt man nun mit der anderen flachen Hand/dem Handballen auf das Blatt, ertönt ein Knall. Dafür braucht man etwas Übung, bis es klappt.

TIPP

Wenn Sie viele unversehrte Blätter haben, können Sie diese trocknen und anschließend mit einem Mixer zu Mehl verarbeiten. Sie können es z. B. verwenden, um Pfannkuchen oder Kekse zu backen! Da dieses Mehl kein Gluten enthält, wie z. B. Weizenmehl, benötigt man zum Binden dennoch zusätzlich glutenhaltiges Mehl. Man kann im Rezept ca. 30 % des Mehls durch grünes Lindenblättermehl ersetzen.

Die Linde im Sommer

Saskias Sommersonnenwend-Lindenlimo

Zutaten:
- Handvoll frische Lindenblüten
- 1 l Traubensaft
- 1 l Mineralwasser
- wer möchte: Rosenblütenblätter, gefrorene Erdbeeren

Material:
Glaskaraffe für 2 l, Kühlschrank

So geht's:
Geben Sie mit den Kindern Lindenblüten, Traubensaft und ggf. Rosenblütenblätter in die Karaffe und lassen Sie dies für ca. 2 Stunden im Kühlschrank ziehen. Mit kohlensäurehaltigem Mineralwasser aufgießen, zur Erfrischung gefrorene Erdbeeren hinzufügen und genießen.

Lennards Lindenblütentee und Lindenblütenhonig

Um für die Erkältungszeit gewappnet zu sein, ist es gut, sich zur Blütezeit der Linde einzudecken.

Zutaten:

- Lindenblüten

Material:

- Backbleche, Schraubglas

So geht's:

Pflücken Sie vorsichtig die Lindenblüten mit Tragblatt. Der richtige Moment ist, wenn die Blüten wunderbar duften und sich gerade geöffnet haben. Verteilen Sie die Blüten zum Trocknen auf Backblechen und lassen Sie diese im Schatten trocknen. Wenn die Blüten beim Wenden rascheln, sind sie getrocknet und werden ins Glas gefüllt.

Für Tee nehmen Sie Blüten mit drei Fingern und übergießen sie mit kochendem Wasser. 5 Minuten ziehen lassen. Der Tee schmeckt angenehm und kann noch mit Honig gesüßt werden.
In der Volksmedizin wird er bei fieberhaften Erkältungskrankheiten eingesetzt, weil er schweißtreibend, schlaffördernd und hustenreizlindernd ist.

TIPP

- Frische Lindenblüten in ein Glas flüssigen Honig geben, sodass alle Blüten bedeckt sind. Nach einem Tag ist der Honig aromatisiert. Die Blüten können darin bleiben und mitgegessen werden.
- Gibt man zum Honig etwas Apfelessig, hat man einen Lindenblüten-Oxymel, der die gesunden Wirkstoffe aus den Lindenblüten löst und uns diese im Winter als Teesüße wieder zur Verfügung stellt. Dafür 60 g Apfelessig, 180 g Honig, 30 g Lindenblüten mind. 4 Wochen ziehen lassen.)

Emilias Erfrischungslindenblätter

Ist es im Sommer heiß und sind die Augen müde, hilft ein Lindenblatt zur Linderung.

Zutaten:

- frische Lindenblätter

So geht's:

Die großen, frischen Lindenblätter leicht zwischen den Händen anquetschen und dann auf die geschlossenen Augen legen. Sehr erfrischend!

Laurettas Lindenblüten-Badebomben oder Schleckbrause

Zutaten für 4 kleine Badebomben:

- 2 EL Lindenblüten, getrocknet und grob zerkleinert
- 50 g Natron
- 25 g Zitronensäure
- 12 g Maisstärke
- 15 g Kokosfett
- ½ TL Öl

Material:

- 2 Töpfe (groß und klein für ein Wasserbad), Rührlöffel, Muffinförmchen (Papier) oder Silikonformen, Waage, bunte Zuckerstreusel

So geht's:

Lassen Sie die Kinder die trockenen Zutaten vermengen. Schmelzen Sie das Fett vorsichtig im Wasserbad und geben Sie das Öl hinzu. Das Fett unter die trockenen Zutaten mischen. Es sollte eine Konsistenz von feuchtem Sand entstehen. Wer mag, kann Zuckerstreusel einarbeiten. Die Kinder formen die Masse zu Kugeln und drücken sie in Muffinförmchen. Im Kühlschrank fest werden lassen (ca. 20 Min.). Eine Kugel im warmen Badewasser auflösen lassen und dem Sprudeln zuschauen. Das Bad genießen.

ACHTUNG!

Bei fetthaltigen Badebomben besteht Rutschgefahr in der Wanne.

TIPP

Lässt man die Fette/Öle und Stärke weg und mahlt die Lindenblüten sehr fein, kann man eine tolle Brause zum Naschen herstellen, indem man Natron, Zitronensäure und Lindenblüten miteinander vermischt!

Wendelins Windspiel

Material:

- Lindenblätter
- schwere Bücher
- Zeitungspapier
- Schere
- Laminiergerät und -folien
- Schere und ggf. Locher
- Bänder
- ggf. Lindenzweig

So geht's:

An einem trockenen Tag sammeln die Kinder Blätter von der Linde und von anderen ungiftigen Bäumen und Sträuchern. Die Blätter werden zwischen Zeitungspapier gelegt und in den Büchern gepresst. Nach ca. einer Woche sind die Blätter trocken. Die Blätter werden laminiert und ausgeschnitten. Mit der Schere oder dem Locher ein Loch schneiden bzw. hineinstanzen und ein Band daran befestigen. Für das Windspiel binden Sie die Blätter draußen an einen Zaun oder wie ein Mobile an den Zweig und hängen es in Innenräumen oder draußen auf.

TIPP

- Es ergeben sich schöne Fensterbilder-Möglichkeiten.
- Laminiert man die Blätter mit einem bunten Papier darunter, kann man daraus Tischsets oder, in schmale Streifen geschnitten, schöne Lesezeichen basteln.

Die Linde im Herbst

Helges Herbstblätterfangen

Material:

- Korb
- Wind und Laubbäume

So geht's:

Alle Kinder stellen sich unter den Bäumen auf. Sobald der Wind durch die Bäume fegt, läuft jedes Kind los, um ein Blatt zu fangen. Wer die meisten Blätter fängt, ist der Windkönig oder die Windkönigin. Man kann es auch gut als Team mit mehreren Kindern spielen.

TIPP

Die Blätter werden im Korb gesammelt und können später zwischen Büchern und Zeitungspapier gepresst werden. Daraus lassen sich dann schöne Blätterbilder basteln, indem einfach Blätter so auf ein Blatt Papier geklebt werden, dass Figuren, Tiere oder Fantasiewesen daraus entstehen.

Florian Flugforscher

Beobachten Sie doch einmal mit den Kindern, wie die Lindensamen an ihrem Tragblatt zur Erde schweben, wenn der Wind durch die Linde pustet. Sie drehen sich wie kleine Hubschrauber. Auch Ahornsamen und Birkensamen haben einen Flugkörper, der die Samen länger in der Luft hält und so über längere Strecken ausbringen kann.

Material:

- Lindenbaum mit Samen zur Reifezeit
- festes Papier
- Schere
- Bleistift
- Büroklammer
- Kopiervorlage „Flugforscher" aus dem Anhang (siehe S. 112)

So geht's:

Beobachten Sie mit den Kindern die Lindensamen, die vom Baum fallen. Diesen Propellereffekt kann man leicht mit Papier nachstellen. Dafür verwenden Sie die Vorlagen im Anhang. Für die Propeller werden alle durchgezogenen Linien aus- oder eingeschnitten. Die gestrichelten Linien sind Faltkanten.

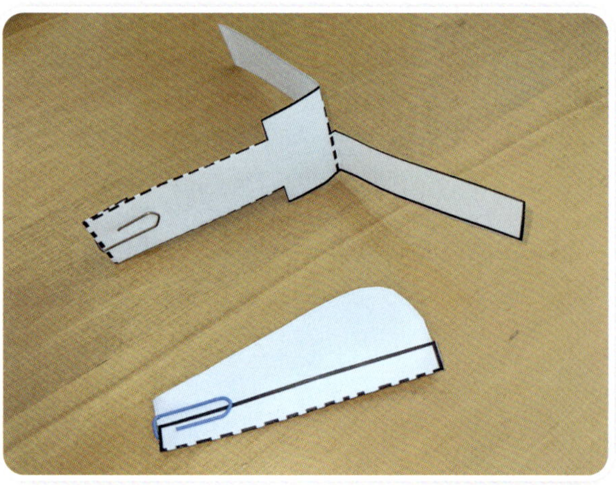

Variante kleiner Ahornsamenflieger:

Für den kleinen, gebogenen Ahornsamenflieger wird nach dem Ausschneiden das Blattstück an der gestrichelten Linie nach oben oder unten gefaltet. Am unteren Ende, an dem sich nicht der Bogen befindet, wird die Falte mit einer Büroklammer fixiert. Diese simuliert das Gewicht des Samens. Nun kann der Flieger hochgeworfen und bestaunt werden.

Variante großer Propellerflieger:

Für den großen Propellerflieger wird auch zunächst an allen durchgehenden Linien die Figur aus- und eingeschnitten. Dann werden die länglichen Seiten an der gestrichelten Linie nach oben oder unten gefaltet. Das untere Ende wird ebenfalls nach oben gefaltet und mit einer Büroklammer werden alle Falten fixiert. Am oberen Ende werden die tief eingeschnittenen Flügel gefaltet: der eine nach hinten und der andere nach vorn, sodass zwei Rotorblätter entstehen. Nun kann der Flieger hochgeworfen und bestaunt werden.

TIPP

Das Segeln in der Luft kann auch durch Papierflieger nachgestellt werden. Anleitungen hierfür gibt es eine Vielzahl im Internet. Veranstalten Sie doch einmal einen Papierfliegerwettbewerb!

Baumgeflüster – eine Klanggeschichte

Material:

- dicke Lindenzweige, etwas länger als ein Bleistift, die gut in der Kinderhand liegen
- Steine
- Holzbrett
- Wanne mit trockenen Blättern

So geht's:

Die Kinder sammeln an einem trockenen Tag die Materialien für die Instrumente. Sie setzen sich in einen Kreis und nehmen sich verschiedene Naturinstrumente: zwei Zweige zum Aufeinanderschlagen oder Aneinanderreiben, zwei Steine zum Aufeinanderschlagen, Stein oder Zweig zum Schlagen auf das Holzbrett, die Wanne mit Blättern zum Rascheln. Außerdem können die Kinder selbst pusten.

Nun wird die Geschichte vorgelesen und die Kinder begleiten Sie mit ihren Instrumenten:

Wind: *pusten*
Eichhörnchen: *Steine aufeinanderschlagen*
Specht: *Holzstöcke schlagen*
Blätter: *Laubwanne rascheln*
Früchte: *Stein auf Holzbrett*

Es war einmal eine alte Linde. Sie stand auf einem Dorfplatz. Die Linde hatte schon viele Geschichten im Laufe ihres Lebens gehört. Der **Wind** *(pusten)* erzählte ihr täglich mehr. Eines Morgens, es war schon Herbst und Bäume ließen ihre **Früchte** *(Stein auf Holzbrett)* fallen, bekam die Linde Besuch von einem **Eichhörnchen** *(Steine aufeinander)*. Es flitzte schnell den Stamm der Linde hoch und setzte sich auf einen Ast. Es sah ganz traurig aus und die Linde fragte, was denn los sei. Das **Eichhörnchen** *(Steine aufeinander)* lief nervös auf und ab, bis es endlich erzählte: „Es ist schon Herbst, liebe Linde, und ich habe noch kein Zuhause für den Winter gefunden. Spürst du, wie der **Wind** *(pusten)* schon pfeift? Hörst du, wie schon die **Früchte** *(Stein auf Holzbrett)* zu Boden fallen?" Die Linde bot dem **Eichhörnchen** *(Steine aufeinander)* die Baumhöhle an, die sich in den letzten Jahren ein **Specht** *(Holzstöcke schlagen)* in ihren Stamm gebaut hatte. Dankbar flitzte das **Eichhörnchen** *(Steine aufeinander)* zur Höhle und traf dort noch den **Specht** *(Holzstöcke schlagen)*, der soeben abreisen wollte. Er sagte, er hätte nun ein neues Zuhause für seine Familie gefunden und das **Eichhörnchen** *(Steine aufeinander)* könne die Höhle gerne haben. Der **Specht** *(Holzstöcke schlagen)* bedankte sich bei der Linde, dass er bei ihr so lange wohnen durfte, und mit dem nächsten **Wind** *(pusten)* war er schon weitergeflogen.

Emsig sammelte das **Eichhörnchen** *(Steine aufeinander)* Gras und **Blätter** *(Laubwanne)*, um es sich in seinem neuen Zuhause gemütlich zu machen. Immer wieder lief das **Eichhörnchen** *(Steine aufeinander)* mit den **Blättern** *(Laubwanne)* den Stamm hinauf und verteilte die **Blätter** *(Laubwanne)* in die Höhle.

Dann fehlte dem **Eichhörnchen** *(Steine aufeinander)* noch Futter für den Winter. Glücklicherweise standen auch eine Kastanie und eine Eiche in der Nähe der Linde. Das **Eichhörnchen** *(Steine aufeinander)* lief zu den Bäumen und sammelte die **Früchte** *(Stein auf Holzbrett)* ein, um sie in der Erde zu vergraben. Hin und her flitzte das **Eichhörnchen** *(Steine aufeinander)* und sammelte hier die **Früchte** *(Stein auf Holzbrett)* und vergrub sie dort – immer hin und her. Als es genug **Früchte** *(Stein auf Holzbrett)* versteckt hatte, lief das **Eichhörnchen** *(Steine aufeinander)* den Stamm der Linde hinauf, kuschelte sich in die **Blätter** *(Laubwanne)* seiner neuen Höhle und hörte dem **Wind** *(pusten)* zu, wie er auch ihm Geschichten erzählte.

Bens Blätterlaternen

Material:

- frische Lindenblätter
- Luftballons
- Kleister und ggf. Pinsel
- Transparentpapier (in hellen Herbstfarben oder weiß)
- Schnur zum Aufhängen
- Nähnadel
- Blumendraht
- Laternenstab
- LED-Teelicht

So geht's:

Das Transparentpapier reißen die Kinder in kleine Stücke. Pusten Sie den Luftballon so weit auf, wie die Laterne später groß sein soll. Den Ballon schmieren die Kinder ganz mit Kleister ein (mit der Hand oder mit einem Pinsel) und legen auf diese Kleisterfläche die Lindenblätter auf. Der Knoten des Ballons ist dabei oben. Mit Kleister streichen Sie nochmals darüber. Die Kinder schließen mit Transparentpapier die Lücken zwischen den Blättern auf dem Kleister und überkleben dabei die Blätter ruhig mit hellem Papier. Die Blätter scheinen später hindurch. Versehen Sie die Ballons am Knoten mit einer Schnur und hängen Sie sie zum Trocknen auf. Nach zwei Tagen stechen Sie vorsichtig mit der Nadel in Knotennähe ein Loch in den Ballon, damit die Luft entweichen kann. Die Ballonreste entfernen Sie aus der Laterne. Wenn die Laterne einen Stab bekommen soll, formen Sie aus Draht einen Bogen und bringen ihn an zwei gegenüberliegenden Seiten der Laternenöffnung an. In die Laterne ein (LED-) Teelicht hineinstellen. Entweder als Hand- oder Tischlaterne verwenden oder mithilfe eines Laternenstabs tragen.

TIPP

Beklebt man den Ballon nur halb und dafür mit mehr Schichten, erhält man eine schöne Blattschale.

Die Linde im Winter

Renes Räuberzahnbürste

Passend zur Zahnpasta im Birken-Kapitel (siehe S. 24), gibt es hier die Naturzahnbürste dazu.

Material:

- Lindenzweige, ca. 1–2 cm Ø
- Gartenschere
- Schnitzmesser
- feste Unterlage, Hammer oder Stein

So geht's:

Mit der Gartenschere schneiden Sie die Zweige in ungefähr 15 cm lange Stücke. An einem Ende schälen Sie die Rinde mit dem Messer ca. 3 cm ab. Nun können die Kinder dieses Ende mit dem Hammer oder Stein so lange weich und faserig klopfen, bis sich die entstandenen „Borsten" angenehm anfühlen. Fertig!

Sergejs Schnitzwerkstatt

Für das Schnitzen mit Kindern gibt es wichtige Regeln zu beachten: Ich schnitze mit Kindern ab dem Vorschulalter und mit vier bis fünf gleichzeitig. Sie entscheiden selbst, was Sie sich zutrauen, und wissen, welche Voraussetzungen und Eigenschaften die Kinder mitbringen.

Schnitzregeln

1. **Das Messer ist kein Spielzeug:**
   Es werden keine scherzhaften Späße damit gemacht. Wer schnitzen möchte, albert mit dem Messer in der Hand nicht herum!

2. **Wer schnitzt, der sitzt:**
   Nur im Sitzen schnitzen, nicht dabei herumlaufen und darauf achten, dass der Sitzplatz ein fester, stabiler Untergrund ist.

3. **Mindestens eine Armlänge Abstand zum nächsten Kind:**
   Wenn man mit dem Messer abrutscht, sollte niemand in Gefahr sein, dieses Messer abzubekommen.

4. **Immer vom Körper weg:**
   Die Messerführung ist immer vom Körper weg, niemals zum Körper hin.

5. **Die Hand, die das Holz hält, ist immer hinter der Klinge:**
   Dabei sollte diese Hand auch möglichst auf das Knie gestützt sein und der Oberkörper leicht nach vorn gebeugt werden.

6. **Vor der Weitergabe das Messer einklappen:**
   Wenn das Messer zurück- oder weitergegeben wird, wird es erst zugeklappt. Dafür muss bei feststehenden Klingen die Arretierung (meist ein Metallring am Griff) gelöst und das Messer vorsichtig wieder in den Griff geklappt werden.

7. **Vernünftiges, kindgerechtes Messer mit scharfer Klinge:**
   Ein stumpfes Messer führt schneller zu Verletzungen, weil mehr Kraft aufgewendet werden muss. Ein gutes Schnitzmesser für Kinder hat eine abgerundete Spitze, die Klinge lässt sich arretieren, damit sie nicht versehentlich einklappt und die Finger zwischen Klinge und Griff geraten. Die Klinge ist gut geschliffen.

8. **Keine lebenden Bäume verletzen:**
   Bitte keine Bildchen, Buchstaben oder Schnitte in die Rinde ritzen. Durch diese Verletzungen können schädigende Bakterien und Pilze eindringen! Die Rinde ist ein Schutzmantel!

Schnitzen löst bei Kindern Begeisterung aus, fördert die Handmotorik und die Hand-Auge-Koordination. Auch wenn es viel Achtsamkeit erfordert, sollten Sie den Kindern diese Erfahrung ermöglichen. Ich mache mit den Kindern einen Schnitzführerschein, für den sie die Regeln kennen und als Praxisübung eine kleine Schnitzfigur herstellen. Dafür arbeite ich mit maximal zwei Kindern gleichzeitig. Wenn sie den Schnitzführerschein haben, lasse ich fünf Kinder gleichzeitig schnitzen. Die Vorlage „Schnitzführerschein" finden Sie hinten im Buch (siehe S. 112).

Stans Schnitzwichtel und Zauberstab

Besonders für Schnitzanfänger sind die kleinen Wichtel geeignet.

Material:

- Lindenzweige, unterschiedlich geformt, ca. 15–30 cm lang
- Schnitzmesser
- Filzstifte oder Wachsmalstifte
- bunte Bänder

So geht's:

An einer Seite des Stabes schnitzen die Kinder eine Spitze (Wichtelmütze). Darunter schnitzen sie etwas Rinde für das Gesicht ab und, wenn gewünscht, kann eine Rille unterhalb des Gesichtes als Hals eingeritzt werden. Die Wichtelmütze wird angemalt und auch das Gesicht bekommt Augen, Nase und ggf. Ohren. Fertig ist der Steckwichtel, der in Blumentöpfe oder einen Stiftständer passt.

Für den Zauberstab schnitzen die Kinder etwas Rinde ganz oder in Mustern ab und ritzen sie ein. Mit Farbe bemalt und bunten Bändern verziert, entsteht so ein einzigartiger Zauberstab.

TIPP

Es können hierfür auch andere Zweige von ungiftigen Bäumen genommen werden, wenn nicht an Lindenzweige zu kommen ist.

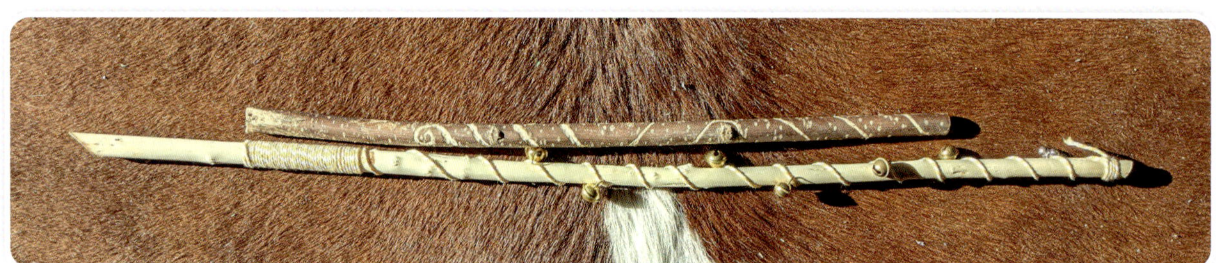

Der Apfel

(*Malus spec.*)

Familie: Rosengewächse *(Rosaceae)*

- Es gibt von diesem sommergrünen Baum mehrere Arten. Bei uns als Frucht bekannt ist der Kulturapfel *(Malus domestica)* mit unglaublich vielen Sorten. Wild wächst hier der Holzapfel oder Wildapfel *(Malus sylvestris)*, dessen Früchte hart, klein und sehr sauer sind.

Der Apfel

Daran kann man ihn erkennen:

Der Apfelbaum ist sommergrün und hat einen geraden Stamm. Der wilde Holzapfel hat an seinen Zweigen noch Dornen, die der Kulturapfel nicht mehr hat. Die Früchte des Holzapfels werden nur ca. 2–4 cm dick. Die Blätter des Apfelbaums sind oval, können aber auch rund bis eiförmig sein. Das Blatt sitzt an einem langen Stiel und der Blattrand ist meist gesägt. Die Blätter sind erst auf beiden Seiten behaart, später sind sie auf der Oberseite glatt und glänzend. Die Blüten kommen vor oder genau zusammen mit den Blättern. Sie sind rot bis rosa, wenn sie noch Knospen sind. Sobald die fünf Blütenblätter aufgehen, werden sie zartrosa oder sogar weiß.

Dann blüht er: April bis Mai

Dann reifen seine Früchte:
August bis Oktober

So alt kann er werden: 100 Jahre

So groß kann er werden: 8 bis 15 m

Dort kann man ihn finden:
Streuobstwiesen, Parks, Gärten und als Plantage in Obstanbaugebieten

Das kann man von ihm verwenden:
Holz, Blüten, Blätter, Früchte

Baum des Jahres: Wildapfel: 2013

Besonderheiten:

- Kulturgeschichtlich begleitet uns der Apfelbaum schon eine ganze Weile. So stehen der Apfel und der Apfelbaum für Leben, Fruchtbarkeit, Reichtum und Erkenntnis. Noch heute ist es nicht unüblich, zur Geburt eines Kindes einen Apfelbaum zu pflanzen, der den*die Erdenbürger*in ein Leben lang begleiten soll. Selbst in einem Blumenkübel kann ein Apfelbaum wachsen. Dafür gibt es spezielle Sorten, die „Säulenapfel" genannt werden. Weil der Apfel schon so lange allgegenwärtig und bedeutsam ist, taucht er in vielen Märchen und Sagen auf und spielt dort meist keine unbedeutende Rolle. Auch der herabfallende Apfel, der Isaak Newtons Kopf getroffen haben soll, kann eine spannende Geschichte für kleine Forscher*innen sein.
- Gesund ist der Apfel auch, insbesondere, wenn man ihn mit der Schale isst. Nicht umsonst gibt es das englische Sprichwort, dass ein Apfel pro Tag gegessen, den Arzt unnötig mache.
- Sein rötliches Holz ist hart und wird gern zum Drechseln und Schnitzen verwendet.
- Wichtig ist für Klimaforscher*innen der Blühbeginn des Apfelbaums hier bei uns, denn er markiert im phänologischen Kalender den Beginn des Vollfrühlings. Durch das Beobachten und Aufschreiben der Apfelblüte können Rückschlüsse auf Klimaveränderungen, beispielsweise die globale Erwärmung gezogen werden. So beginnt die Apfelblüte heute im Vergleich zur Zeit vor 75 Jahren schon 14 Tage früher.
- Wenn man einen Apfelbaum aus einem Samen zieht, bekommt man in der Regel nicht die gleiche Apfelsorte des Baums, von dem der Apfel stammt. Man nennt es „nicht samenbeständig". Das liegt daran, dass unser Kulturapfel auf einer sogenannten Veredelung beruht. Man nimmt eine Apfelsorte mit gutem Wurzelwerk und Stamm und setzt auf diese Jungpflanze eine Apfelsorte mit guten und schmackhaften Früchten. Wenn diese beiden Zweige gut miteinander verwachsen, wächst als Baumkrone die obere Sorte und als Wurzel die untere Apfelsorte weiter. Trotzdem wächst aus einem Apfelkern ein Apfelbaum. Apfelsamen keimen aber nicht sofort. Erst wenn bestimmte Stoffe in der Apfelkernschale abgebaut sind (meist durch eine Kälteperiode im Winter), können sie keimen und zu Bäumen werden. Aber auch über die Wurzeln vermehren sich Apfelbäume.

GESCHICHTEN-TIPP

Wenn man zum Einstieg die passenden Märchen *„Schneewittchen"*, *„Frau Holle"*, *„Hänschen Apfelkern"* oder die Sage von Wilhelm Tell nicht vorlesen möchte, können Sie auf das Gedicht *„Einkehr"* von Ludwig Uhland zurückgreifen. Das können Sie im Internet recherchieren.

Der Apfelbaum im Frühling

Antons Apfelpfannkuchen vom Blech

Äpfel können gut eingelagert werden. Sind sie im Frühling schon unansehnlich und schrumpelig, kann man sie noch sehr gut zu einem Apfelkuchen verarbeiten. Oder zu Apfelpfannkuchen. Hier ist ein Rezept, das ohne heiße Pfanne auskommt und gleich für ein ganzes Backblech im Ofen reicht.

Zutaten:

- 3–4 Äpfel
- 2 kleine Kaffeetassen Milch (300 ml)
- 2 ½ kleine Kaffeetassen Mehl (250 g)
- 1 TL Backpulver
- 4 Eier
- 1 Pr. Salz
- ½ TL Zimt
- 2 EL Zucker

Material:

- Schüssel, Schneebesen, Messer, Brettchen, Backblech mit Backpapier, kleine Schale, Teelöffel, Esslöffel, Backofen

So geht's:

Heizen Sie den Backofen auf 180 °C vor. Alle Zutaten mit Ausnahme der Äpfel, des Zimts und des Zuckers verrühren die Kinder gut mit dem Schneebesen in der Schüssel. Den Teig stellen Sie zur Seite und lassen ihn quellen. Inzwischen waschen die Kinder die Äpfel und Sie schneiden sie in Spalten.

Legen Sie das Backpapier auf das Blech und gießen Sie den Teig darauf. Nun können die Kinder die Äpfel gleichmäßig darauf verteilen. Zimt und Zucker in der kleinen Schale verrühren und mit dem Löffel über die Äpfel streuen. Der Pfannkuchen backt für ungefähr 20 bis 30 Minuten im Ofen.

Aikos Apfelblütendeo

Da dieses Deo keine Konservierungsstoffe enthält, ist es nur ungefähr eine Woche haltbar, im Kühlschrank ca. 2 Wochen länger. Das Deo kann auch gut als Raumduft verwendet werden.

Zutaten:

- Handvoll Apfelblüten
- Wasser
- 2 Pr. Natron

Material:

- alte, leere, befüllbare Deozerstäuberflasche (gut ausgewaschen), Schüssel, Rührlöffel, Wasserkocher, Teesieb, kleiner Trichter, Tasse zum Abmessen des Wassers

So geht's:
Lassen Sie eine kleine Tasse Wasser im Wasserkocher aufkochen und wieder abkühlen. Das verlängert die Haltbarkeit des Deos etwas. Die Kinder zupfen die Apfelblüten klein und geben sie in die Schüssel. Fügen Sie das Wasser und das Natron hinzu und verrühren Sie vorsichtig alles. Eine halbe bis eine Stunde ziehen lassen. Anschließend geben Sie die Flüssigkeit durch ein Sieb in den Trichter, der wiederum in der Zerstäuberflasche steckt. Verschließen Sie die Flasche und versprühen Sie das Deo bei Bedarf.

ACHTUNG!

Bitte nicht in Augen oder auf andere Schleimhäute sprühen, das könnte unangenehm sein.

Annettchens Apfel-Limonade

Zutaten:
- 2 Äpfel
- 4 kleine Kaffeetassen klaren Apfelsaft (ca. 500–600 ml)
- 1 Flasche Mineralwasser mit Kohlensäure
- 4 Kaffeetassen Wasser
- getrocknete Apfelringe zur Dekoration

Material:
- Wasserkocher, Karaffe, große Schüssel, Messer, Brett, Sieb, Trinkgläser

So geht's:
Die Kinder waschen die Äpfel und Sie schälen einen davon. (Der zweite Apfel wird später gebraucht.) Die Schalen und einen kleingeschnittenen Apfel legen die Kinder in die große Schüssel. Bringen Sie vier Tassen Wasser zum Kochen, füllen Sie das Wasser in die Schüssel und bereiten Sie so einen Apfeltee zu, den Sie abkühlen lassen.

Füllen Sie mit den Kindern den Tee durch ein Sieb in die Karaffe und geben Sie Apfelsaft und Mineralwasser hinzu. Die Kinder hängen je einen Apfelring an die Ränder der Trinkgläser, geben ein paar Apfelstücke des zweiten Apfels hinein und füllen das Glas mit der Limonade.

TIPP

Geben Sie im Herbst oder Winter statt kohlensäurehaltigem Wasser einfaches stilles Wasser hinzu und kochen Sie die Flüssigkeiten mit zwei Zimtstangen und zwei Nelken im Topf kurz auf. Genießen Sie den warmen Apfelpunsch!

Der Apfelbaum im Sommer

Silvios Stockäpfel

Zutaten:
- für jedes Kind: 1 kleiner Apfel
- Zimt und Zucker nach Belieben

Material:
- Lager- oder Grillfeuer; für jedes Kind: 1 langer Stock aus ungiftigem Holz, Teelöffel, Schale

So geht's:
Das Feuer bis zur Glut herunterbrennen lassen. Die Kinder stecken den Apfel auf den Stock und halten ihn wie Stockbrot über die Glut. Dabei drehen sie ihn immer. Nach ungefähr 15 Minuten ist die Schale des Apfels schwarz, aber innen ist der Apfel schön weich. Legen Sie den Apfel in die Schale und öffnen Sie ihn mit dem Löffel. Den Apfel etwas abkühlen lassen und vorsichtig (heiß!) auslöffeln. Wer mag, kann noch Zucker und Zimt über den Apfel streuen!

Annas Apfelstempel

Der aufgeschnittene Apfel bietet wunderschöne Muster zum Stempeln. Nimmt man ungiftige Naturfarben kann man den Apfel sogar nach dem Abwaschen der Farbe noch essen oder man gibt ihn den Schmetterlingen und anderen Insekten zum Fressen.

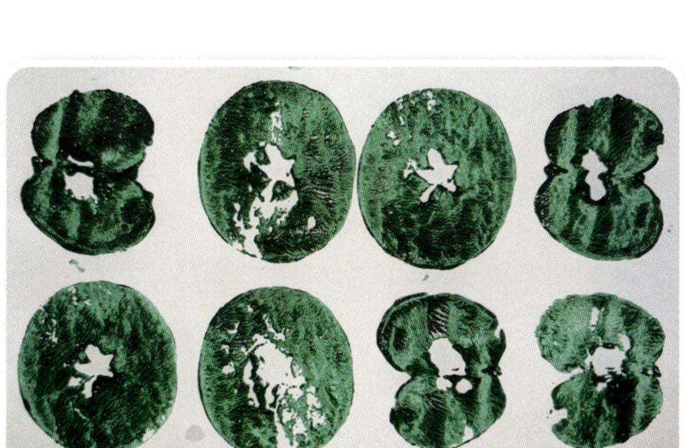

Material:
- Äpfel
- Messer und Brett
- Pinsel
- Farbe (Naturfarbe, Wasser- oder Fingerfarbe)
- Pappe/Papier/glatte Stoffe etc. zum Bedrucken
- kleiner Schwamm und Schüssel mit Wasser zum Wechsel der Farbe

TIPP

Der Apfeldruck mit Stoffmalfarbe auf sauberen Laken ergibt schöne Tischdecken. Auf Stofftaschen sehen Äpfel auch wunderschön aus! Legt man ein kleines Kisseninlet in eine Stofftasche und knotet oder näht die offene Seite (mit den Henkeln) zu, hat man ein tolles, tragbares Picknick- oder Stuhlkissen!

So geht's:
Je nachdem, wie man den Apfel durchschneidet, erhält man entweder einen Stempel in Form eines Sterns in einem Kreis (den Apfel vor sich hinstellen, Stiel nach oben, Apfel von links nach rechts durchschneiden) oder eine Apfelform mit sichtbarem Kerngehäuse (den Apfel mittig von oben nach unten durchschneiden). Die Kinder benetzen die Apfelhälften mit dem Pinsel mit Farbe und drücken ihn mit dieser Seite auf den zu bedruckenden Untergrund. Entweder für jede Farbe eine Apfelhälfte nehmen oder nach einer Farbe die Apfelhälfte mit dem Schwamm abwaschen und anschließend eine neue Farbe wählen.

LIED-TIPP

Drucken die Kinder den Apfel in Sternform, passt dazu sehr gut das Lied *„In meinem kleinen Apfel"*, weil man hier sehr gut die sternenförmig angeordneten „Stübchen" erkennen kann.

Stern

Allerlei Apfelspiele

Material:
- **Variante Äpfel im wilden Ozean:**
  wassergefüllte Wanne, ggf. Handtücher,
  für jedes Kind: 1 kleiner Apfel
- **Variante Äpfel am seidenen Faden:**
  Bindfäden, Türrahmen oder Baum zum Aufhängen der Äpfel,
  für jedes Kind: 1 kleiner Apfel
- **Variante Apfelwettlauf:**
  eine glatte Bodenfläche,
  für jedes Kind: 1 Apfel

So geht's:

Variante Äpfel im wilden Ozean:
Eine wassergefüllte Wanne wird auf den Boden gestellt. Jedes Kind erhält einen kleinen Apfel und legt diesen ins Wasser. Nun knien sich die Kinder vor die Wanne und legen ihre Arme auf den Rücken. Wer schafft es zuerst, seinen Apfel nur mit dem Mund aus dem Wasser zu fischen?

Variante Äpfel am seidenen Faden:
Einen Bindfaden je an einen Stiel eines Apfels knoten. Das andere Ende am Türrahmen oder Baum so aufhängen, dass das entsprechende Kind den Apfel soeben mit dem Mund berühren kann. Auch hier nimmt das Kind die Arme auf den Rücken. Wer hat seinen Apfel als erster aufgegessen?

Variante Apfelwettlauf:
Jedes Kind kniet sich an die eine Seite der Fläche auf den Boden. Vor das Kind wird ein Apfel gelegt. Dieser muss nun nur mit der Nase zur anderen Seite der Fläche geschubst werden. Wer ist zuerst am Ziel?

ACHTUNG!

Eine wassergefüllte Wanne niemals unbeobachtet lassen! Gefahr des Ertrinkens!

Der Apfelbaum im Herbst

Arndts Apfeltest

Zur Schulung der gustatorischen und olfaktorischen Sinne ist dieses Spiel hervorragend geeignet.

Material und Zutaten:

- Tablett oder Tisch
- kleine Teller
- Messer
- Brett
- Papier
- Stift
- möglichst viele verschiedene Apfelsorten (2 Äpfel je Sorte)
- Fotoapparat
- Plakatpapier
- Stifte

So geht's:

Auf jeden Teller wird ein klein geschnittener Apfel gelegt. Der zweite der Sorte bleibt ganz und liegt dahinter. Diese Teller/Äpfel werden auf das Tablett oder den Tisch gestellt.

Schreiben Sie die Namen der Äpfel in Großbuchstaben auf kleine Zettel und legen Sie sie zu den entsprechenden Tellern. Betrachten Sie mit den Kindern diese Vielfalt einer Obstsorte! Welche Farben und Formen sind zu sehen?

Dann lassen Sie die Kinder die Äpfel riechen. Viele Äpfel duften unterschiedlich. Die Kinder können von den aufgebauten Äpfeln Fotos machen. Dann können sie die unterschiedlichen Apfelsorten probieren und miteinander vergleichen.

Am Ende können die Kinder mit den Fotos der Äpfel ein Plakat gestalten. Vielleicht wollen sie auch den ein oder anderen Apfel abmalen oder etwas dazu aufschreiben. Das Plakat in Kinderhöhe im Flur oder Gruppenraum aufgehängt, ist ein guter Gesprächsanlass unter den Kindern, aber auch zwischen Erwachsenen und den Kindern.

TIPP

Spielen Sie mit den Kindern ein Quiz. – Stellen Sie ihnen die Frage: „Welche Obstsorten heißen noch ‚Äpfel', sehen aber ganz anders aus?" – Mögliche Antworten sind: Granatäpfel, Kapernäpfel.

Ankes Apfeltrockner

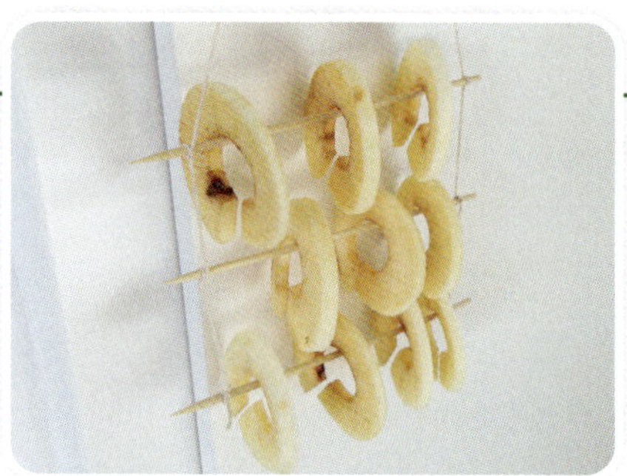

Material:

- Schere
- dünne Rundhölzer oder Schaschlikspieße
- Schnur aus Naturmaterial

So geht's:

Aus den Hölzern oder Schaschlikspießen und der Schnur wird eine Leiter geknüpft, indem die Hölzer/Spieße parallel und mit Abstand zueinander auf einen Tisch gelegt werden. Nun werden die Enden der Hölzer/Spieße mit der Schnur so verknotet, dass der Abstand zueinander bleibt. Am oberen Ende der Leiter kann die Schnur als Aufhängung verlängert werden. Auf die Holzstangen können nun frisch geschnittene Apfelringe (s. u.) mit Abstand zueinander aufgehängt werden. Der Apfeltrockner selbst kann an einer Gardinenstange oder ungenutzten Türklinke aufgehängt werden.

Richards runde Apfelringe

Zutaten:

- Äpfel

Material:

- Messer und Brett, ggf. Apfelschäler, Naturschnur oder Apfeltrockner (siehe oben)

So geht's:

Für Apfelringe kann man die Äpfel schälen, muss es aber nicht. Wichtig ist, dass die Äpfel in möglichst dünne Scheiben geschnitten werden. Das ist für Kinder schwierig. Es hat sich dafür der manuelle Apfelschäler (ca. 25 €) bewährt: einfach zu handhaben, auch für Kinder, und macht viel Spaß! Er schält in lange Spiralen ab und schneidet den Apfel auch, wenn man möchte, in eine große Spirale und trennt das Kerngehäuse heraus. Auf einer Seite des Kerngehäuselochs durchschneiden und schon hat man Apfelringe! Man kann auch ohne Apfelschäler Apfelringe herstellen. Dann sollte das Schneiden aber eine erwachsene Person übernehmen. Die Apfelringe werden auf ein Band gezogen oder auf einen Apfeltrockner gehängt. Nach ca. einer Woche sind die Apfelringe fertig. Trocken gelagert, halten sie sich mindestens ein Jahr.

TIPP

- Auch die Apfelschalen kann man trocknen. Sie ergeben einen geschmackvollen Apfelschalentee.
- Getrocknete Apfelringe in flüssige Schokoladenkuvertüre getaucht und anschließend abgekühlt, sind eine besonders beliebte Nascherei.

Der Apfelbaum im Winter

Volkers Vogelfutter-Weihnachtsbaumkugeln

Woher kommen unsere heutigen Christbaumkugeln? Früher waren es blank polierte, rote Äpfel! Sie wurden durch Glaskugeln ersetzt. Schade eigentlich. Hier eine Variante dieser Tradition – wenn auch nicht für den Weihnachtsbaum im Wohnzimmer ...

Zutaten:
- kleine Äpfel
- Sonnenblumenkerne in der Schale
- Kürbiskerne

Material:
- Zahnstocher, Schaschlikspieße, Naturschnur, Schere

So geht's:
Stecken Sie einen Schaschlikspieß durch den Apfel, sodass die Enden auf beiden Seiten herausschauen. An diese Enden binden Sie eine Schnur zum Aufhängen. Mit dem Zahnstocher bohren Sie und die Kinder Löcher in die Schale des Apfels. Das erleichtert den nächsten Schritt. In jedes Loch wird nun ein Sonnenblumen- oder Kürbiskern mit der Spitze voran gesteckt, sodass sie bis zur Hälfte noch herausschauen. Diese bespickten Äpfel können Sie für die Tiere im Winter in einen Baum hängen, als tierischer Weihnachtsbaum sozusagen.

TIPP
- Wenn noch Kerne übrig sind, kann man sie auch in ein Vogelhäuschen oder unten an den Baum streuen. Sobald die ersten Vögel diese Äpfel entdeckt haben, wird ein reges Treiben im Baum beim Fressen zu beobachten sein.
- Getrocknete Apfelringe kann man abwechselnd mit ungeschälten Erdnüssen an eine Naturschnur binden und als Girlande für Vögel und Eichhörnchen in den Baum hängen.

Bernds besondere Bratapfelcookies

Zutaten:

- 150 g Haferflocken
- 230 g Mehl
- 1 TL Backpulver
- 100 g Zucker
- 100 g weiche Butter
- 1 Ei
- 5 EL Apfelmus
- 1 TL Zimt
- 1 Pr. Salz
- 1–2 Äpfel
- 8 getrocknete Apfelringe

Material:

- Schere, Messer, Brett, Schüssel, Rührlöffel, 2 Teelöffel, Backblech, Backpapier, Backofen

So geht's:

Den Ofen auf 180 °C vorheizen. Den Apfel waschen Sie und schneiden ihn in kleine Stücke. Mit der Schere schneiden die Kinder die Apfelringe ebenfalls sehr klein. Alle Zutaten werden in einer Schüssel gut verrührt. Mit zwei Teelöffeln setzen die Kinder einzelne Portionen auf ein mit Backpapier ausgelegtes Backblech. Im vorgeheizten Backofen bei 180 °C ungefähr eine Viertelstunde backen.

Barbaras Barbarazweige

Material:

- frisch geschnittener Apfelbaumzweig
- Vase
- Wasser

Am 4. Dezember ist Barbaratag, dann werden Apfelbaumzweige geschnitten und in eine Vase mit Wasser gestellt. Mit Glück blühen die Apfelblüten dann an Weihnachten. Der Legende nach kam eine Frau namens Barbara aus Nikomedia, die um 300 n. Chr. lebte, zu Unrecht ins Gefängnis. Auf dem Weg dorthin verfing sich in ihrem Gewand ein Obstbaumzweig, sie stellte ihn in eine Schale mit Wasser. An Weihnachten blühte er auf, mitten im Winter.

Um blühende Zweige am Heiligen Abend zu haben, werden die am 4. Dezember geschnittenen Zweige schräg angeschnitten und in lauwarmes Wasser gestellt. Die Vase kommt dann in ein kühles oder wenig warmes Zimmer. Täglich kann man nun beobachten, was sich

an den Zweigen und Knospen verändert. Bitte das Wasser in der Vase regelmäßig wechseln.

Man kann auch ein kleines Spiel daraus machen. Jedes Kind schreibt oder malt einen Wunsch für eine kleine Aktion für alle auf einen Zettel und hängt ihn an einen der Zweige. Der Wunsch, bei dem sich die ersten Blüten zeigen, wird erfüllt.

Die Kastanie

(Aesculus hippocastanum)

Familie: Seifenbaumgewächse *(Sapindaceae)*

- Dieser sommergrüne Baum wird im Sprachgebrauch gern einmal verwechselt. Die hier beschriebene Gemeine Rosskastanie *(Aesculus hippocastanum)* ist nicht essbar. Die Esskastanie, auch Edelkastanie oder Maroni *(Castanea sativa)* genannt, schon. Beide sind aber nicht näher miteinander verwandt und sehen auch unterschiedlich aus. Die Rosskastanie hat ihren Namen von ihrer Verwendung als Pferde- und Wildfutter.

Die Kastanie

Daran kann man sie erkennen:

- Ihr langstieliges Blatt besteht aus fünf bis sieben Einzelblättern, die ähnlich wie Finger einer Hand angeordnet sind. Sie sind kahl, also nicht behaart, und an der Blattoberseite dunkelgrün. Die Blattunterseite ist heller als die Oberseite.
- Es gibt Kastanien mit roten und mit weißen Blüten. Beide sind nutzbar. Die Blüten wachsen wie stehende Trauben im Frühling an den Zweigen. Auffällig sind die großen, braunen Knospen, die klebrig sind.
- Die runden, dicken, dunkelbraunen Samen mit einem hellbraunen Fleck sind von einer grünen, meist sehr stacheligen Hülle umgeben. In einer Hülle können bis zu drei Samen sein.
- Die Rinde ist grau und oft geschuppt. Diese Schuppen bilden oft Kreisformen.

Dann blüht sie: April bis Mai

Dann reifen ihre Früchte:
September und Oktober

So alt kann sie werden:
300 Jahre

So groß kann sie werden:
20 bis 30 m

Dort kann man sie finden:
Parks, Gärten, Alleen und Dorfplätze

Das kann man von ihr verwenden:
Holz, Blüten, Blätter, Rinde, Früchte

Baum des Jahres: 2005

Besonderheiten:

- Die Gemeine Rosskastanie hat einen eigenen UV-Schutz in der Rinde.
- Carl von Linné gab der Rosskastanie den Namen *„hippocastanum“* (= Pferdekastanie), weil man sie besser von der Esskastanie unterscheiden sollte.
- Die rot blühenden Kastanien sind eine Kreuzung zwischen der Rosskastanie und dem Strauch der Echten Pavie (Rote Rosskastanie *[Aesculus pavia]*, die aus Nordamerika stammt.
- Wenn im Sommer die Blätter der Kastanie abfallen und sie kahl aussieht, kann es an der Miniermotte liegen, deren Raupen Fraßgänge in den Blättern anlegen und sie somit zum Absterben bringen.
- Sie hat ein weiches, gut schnitzbares Holz, bei dem man die Jahresringe kaum erkennen kann.
- Aus den Kastanien gewinnt man Seifenstoffe *(Saponine)* zur Herstellung von Farben und Kosmetika. Bekannt ist die Kastanie in Salben zur Behandlung von Venenproblemen.
- Die Stärke aus den Kastanien kann man zur Alkoholgewinnung verwenden und das Kastanienöl wird industriell zu Seife verarbeitet.
- In der Volksmedizin wurde ein Tee aus den Blüten als schleimlösendes Mittel bei Husten verwendet.
- Die Kastanie hat eigene Sonnenmilch in ihren Zweigen, das sogenannte Aesculin, das unter UV-Licht sichtbar ist.
- Kastanien in ein Lagerfeuer geworfen, zerplatzen mit einem lauten Knall.

GEDICHT-TIPP

Zum Einstieg können Sie ein Herbstgedicht vorlesen, z. B. *„Stacheln hab ich wie ein Igel“* oder *„Die Kastanie“* von Josef Festing.

Die Kastanie im Frühling

Belles Blütenfarbwechselbeobachtung

Wenn im Mai die Kastanien weiß blühen, sieht man, dass die Insekten zumeist zu den Blüten mit den gelben Flecken fliegen, nicht zu den roten.

Material:
- frischer Kastanienzweig mit Blüten
- Glas mit Wasser
- ggf. Fotoapparat zur Dokumentation

So geht's:
Der Zweig wird in ein Glas mit Wasser gestellt. Beobachten Sie zusammen mit den Kindern die Farben der Blüten ein paar Tage lang. Sie sind nicht alle gleich. Sie sind zwar weiß, aber sie haben farbige Flecken. Die Blütenflecken wechseln ihre Farbe im Laufe der Zeit. Zunächst sind sie gelb und werden dann immer dunkler. Nach orange kommt rot bis dunkelrot. Das hängt mit dem Nektarangebot der Blüte zusammen und zeigt den Insekten an, wo sie noch viel Nektar finden (gelb) und wo es sich eigentlich nicht mehr lohnt, zu landen (dunkelrot).

Karls Kastanienknospenbeobachtung

Erstaunlich, was in einer Knospe gespeichert ist. Ende März/Anfang April kann man das Wunder erleben.

Material:
- frischer Kastanienzweig mit dicken, aber noch geschlossenen Knospen
- Glas mit Wasser
- Fotoapparat
- Plakatpapier
- flüssiger Klebstoff

So geht's:
Den Zweig in das Glas Wasser an das Fenster stellen und fotografieren. Jeden Tag ein neues Foto machen und das Wasser wechseln. Die Knospe geht auf und es kommen immer mehr Blätter zum Vorschein. Erkennen die Kinder die vielen weichen, wolligen Haare zwischen den Blättern, die als Frostschutz dienen? Die Fotos können ausgedruckt auf ein Plakat geklebt und mit dem Tag/Datum versehen werden. So können die Kinder den Verlauf des Knospenöffnungsprozesses verfolgen und untereinander diskutieren.

Konrads Kastanienknospencreme

Die klebrigen Knospen dienen den Bienen zur Herstellung von Propolis. Diese Heilstoffe kann man sich auch zunutze machen und eine Knospencreme herstellen.

Zutaten:

- 2 EL Kastanienknospen
- Pflanzenöl, z. B. Olive, Raps oder Sonnenblume; Menge je nach Glasgröße
- Bienenwachs (10 g Wachs auf 100 ml Öl)

Material:

- Messer und Brett, Schraubdeckelglas, Sieb, 2 Töpfe (groß und klein für ein Wasserbad), Salbendöschen oder kleine Gläschen, Waage, Messbecher, Herd, Löffel, Etiketten und Stift

So geht's:

Die Knospen klein schneiden und in das Glas geben. Die Kinder übergießen sie mit Pflanzenöl, bis die Knospen bedeckt sind. Das Glas steht nun auf der Fensterbank. Die Kinder können es täglich 3-mal vorsichtig schütteln. Nach vier Wochen ist der Knospenkaltauszug fertig. Das Wasserbad vorbereiten: Füllen Sie den großen Topf mit etwas Wasser, stellen Sie den kleinen Topf hinein und schalten Sie den Herd ein. Die Kinder gießen das Knospenöl durch das Sieb in den Messbecher und lesen die Menge ab. Das Öl kommt nun in den kleinen Topf. Mit der Waage wiegen die Kinder 10 g Bienenwachs pro 100 ml Öl ab. Das Bienenwachs kommt zum Öl in den kleinen Topf. Es wird so lange gerührt, bis das Wachs geschmolzen ist. Wenn das Wasserbad sprudelt, den Herd herunterschalten. Bienenwachs schmilzt bei ca. 70 °C. Die geschmolzene Öl-Wachs-Mischung in kleine Salbendöschen gießen. Ein Etikett aufkleben und beschriften.

TIPP

Wer die Creme vegan zubereiten möchte, kann Carnaubawachs nehmen (5 g/100 ml Öl). Das Wachs bekommt man im Internet unter Kosmetikbedarf.

Yannis Yogaübung „Baum"

Die folgende Übung heißt im Sanskrit „Vrikshasana". Sie hilft, das Gleichgewicht zu finden, indem sie die geistige und körperliche Stabilität stärkt.

Material:

- bequeme Kleidung
- ebener Untergrund

So geht's:

Die Kinder stellen sich barfuß so hin, dass sie gut stehen können und einen stabilen Stand haben. Wer sich unsicher fühlt, stellt sich in die Nähe eines Baumes oder einer Wand. Nun wird das Gewicht auf einen Fuß verlagert und der andere vorsichtig angehoben. Mit diesem Fuß wandern die Kinder an der Innenseite des Standbeins nach oben. Je nach Mobilität des Kindes reicht es aus, die Ferse an den Knöchel

anzulehnen und die Zehen noch den Boden berühren zu lassen. Man kann aber auch den Fuß auf Höhe der Wade oder über das Knie setzen. Geübte setzen den Fuß schon auf den Oberinnenschenkel. Dabei ist es in Ordnung, den Fuß mit der Hand an die Stelle zu ziehen, wo er später liegen soll. Damit der Fuß an dieser Position bleibt, wird der Oberschenkel bzw. das jeweilige „Gegenstück" des Fußes gegen den Fuß gedrückt und der Po wird angespannt. Die mit den Handflächen aufeinandergelegten Hände – wenn sie sich nicht festhalten müssen – schieben die Kinder nun vor dem Körper nach oben, bis sie eine Art Dach über dem Kopf bilden. Auch die Hände mit einem leichten Druck aneinanderpressen. So lange in der Position bleiben, wie es den Kindern gefällt. Das Atmen und das Lachen nicht vergessen!

ACHTUNG!

Zum Schutz der Gelenke sollte der Fuß keinesfalls auf Höhe des Knies abgestellt werden.

Reginas Regentropfenblätterkonzert

Material:

- Kastanienblätter
- kleinere Blumentöpfe oder Schalen aus verschiedenen Materialien, wie Keramik, Metall, Kunststoff
- Regen

So geht's:

Die Schalen draußen aufstellen. Geeignet sind Orte, über denen sich größere Tropfen durch Regen bilden, Dachvorsprünge, undichte Regenrinnen etc. Die Kinder legen die Blätter auf die Schalen. Alle hören genau hin, welche Töne der Regen auf den Blättern erzeugt. Die Schale unter dem Blatt fungiert als Klangkörper zur Verstärkung. Kann man bei verschiedenen Schalen oder verschiedenen Blattgrößen einen Unterschied hören?

TIPP

Sollte es einfach nicht regnen wollen, kann man den Regen imitieren, indem man mit der Gießkanne mit Lochaufsatz oder auch einer Pipette mit Wasser nachhilft.

Die Kastanie im Sommer

Klaras Klack-Blatt

Material:

- Kastanienzweig mit Blättern

So geht's:

Nehmen Sie den Zweig und knicken Sie das Kastanienblatt vorsichtig vom Zweig. Es entsteht dabei ein „Klack"-Geräusch und das Blatt löst sich. An der Stelle, an der das Blatt am Zweig war, kann man eine mond- oder tropfenförmige Zeichnung am Zweig erkennen!

Florians Kastanienblatt-Federball

Material:

- Kastanienblätter
- Bindfaden
- Knete oder Ton
- Seile oder Schüsseln/Eimer als Wurfziel

So geht's:

Die Kinder trennen die einzelnen Blätter des Kastanienblattes ab und legen sie zu einem Bund zusammen. Mit einem Bindfaden die Stielenden zusammenfassen und zusammenknoten. Um den Bindfaden wird eine Kugel aus Knete oder Ton als Gewicht angebracht. Das Ergebnis sieht ähnlich wie ein Federball aus. Damit können die Kinder versuchen, die Eimer bzw. Schalen oder als Linie oder Kreis gelegte Seile zu treffen.

Die Kastanie im Herbst

Ingos Kastanien-Igel

Manchmal, wenn zwei Kastanien in einer Hülle sind, sind die Kastanien auf einer Seite abgeflacht. Aus diesen kann man niedliche Igel basteln.

Material:

- Kastanien
- Kastanienbohrer oder Prickelnadel
- Zahnstocher
- Wackelaugen
- flüssiger Klebstoff
- ggf. kleine, braune oder schwarze Perlen

So geht's:

Die Kastanie mit der flachen Seite auf den Tisch legen. Bohren Sie mit der Prickelnadel oder dem Bohrer kleine Löcher in die Kastanie und stecken Sie einen halben Zahnstocher als Stachel hinein. An der hellbraunen Stelle der Kastanie zwei Wackelaugen festkleben. Wer möchte, kann als Igelnase eine kleine braune oder schwarze Perle auf ein Zahnstocherstück stecken und sie in ein kleines Loch stecken.

TIPP

Die abgeflachten, bemalten Kastanien eignen sich hervorragend als Spielfiguren, beispielsweise für ein großes Mensch-Ärgere-Dich-nicht-Spiel. Anleitungen für die Felder des Spiels sind zahlreich im Internet zu finden oder lassen sich von einem Spiel einfach abzeichnen.

Karins Kastanien-Sinnesfußbad

Zutat:
- viele frische Kastanien ohne grüne Hülle

Material:
- hohe Wanne oder Eimer

So geht's:
Füllen Sie die Kastanien mit den Kindern in die Wanne und alle tauchen mit nackten Füßen in die Kastanien. Wer das nicht mag, kann auch die Hände eintauchen. Das ist ein kugeliges Sinneserlebnis! Wer schafft es, eine Kastanie mit den Füßen aus der Wanne zu heben?

TIPP
Die Kastanien sind ein beliebtes Futter für Wildschweine und Damwild. Einfach einmal bei dem*der Förster*in oder im Wildgehege in der Nähe fragen, ob Sie sie dort abgeben oder sogar die Tiere direkt füttern dürfen!

Konstantins Kastanienlauf

Material:
- Esslöffel
- Kastanien
- leichte Hindernisse, wie Bälle, Kegel, Holzstäbe etc., je 2-mal

So geht's:
Es gibt zwei Mannschaften. Ein Kind je Mannschaft nimmt eine Kastanie auf den Löffel. Die Kinder durchlaufen so einen leichten Hindernisparcours, ohne die Kastanie zu verlieren. Fällt sie herunter, beginnt das Kind von vorn. Ist ein Kind fertig, ist das nächste aus der Mannschaft dran. Wer ist zuerst fertig?

Kayas Kastanienkleber

Material:
- 350 g Kastanien
- Messer
- 300 ml Wasser
- Topf
- Herd (kein Gas- oder Spirituskocher/-herd)
- Pürierstab
- Schraubdeckelglas

So geht's:
Die Kastanien mit dem Messer anritzen, schälen und mit dem Wasser in den Topf geben. Kochen Sie dies ungefähr 55 Minuten lang und pürieren Sie es dann gründlich mit dem Pürierstab. Die entstandene Masse in ein Glas füllen und etwas abkühlen lassen. Fertig ist der Klebstoff.

ACHTUNG!
Naturkleber ist nicht lange haltbar. Bitte im Kühlschrank aufbewahren. Dickt er mit der Zeit zu sehr an, wieder mit etwas Wasser verdünnen.

Sonjas Kastanienseife

Zutaten:
- Handvoll Kastanien ohne grüne Hülle
- warmes Wasser

Material:
- Brett, Messer oder Hammer, Geschirrtuch, Stoffbeutel oder alte Socke, Schraubdeckelglas, ggf. Waschmaschine

So geht's:
Sie schneiden Kastanien klein oder die Kinder zerschlagen in ein Tuch gewickelte Kastanien mit dem Hammer.

Variante für die Waschmaschine: Füllen Sie die Kastanienstücke in den Stoffbeutel oder die Socke. Oben verschnürt, mit der Buntwäsche in die Waschmaschine geben.

Variante für die Hände: Füllen Sie Kastanienstücke mit warmem Wasser in ein Schraubdeckelglas und schütteln Sie kräftig. Es bildet sich Schaum. Mit dem Kastanienwasser kann man

Hände waschen. Bitte frisch zubereiten, da Naturseife keine Konservierungsstoffe enthält und nur ein bis zwei Tage haltbar ist.

TIPP

Saponine, also Seifenstoffe, sind nicht nur in Kastanien, sondern auch in Birkenblättern zu finden. Diese Seife kann man also auch mit klein geschnittenen Birkenblättern machen.

Die Kastanie im Winter

Kristins Kastanienkeimung

Material:
- frische Kastanien
- Blumentöpfe
- frische Erde und Blätter (keine Kastanienblätter)

So geht's:
Kastanien in einen Blumentopf mit Erde legen und mit Laub abdecken. Auf die Fensterbank gestellt und immer leicht feucht gehalten, kann man im Frühling einen dicken Keim und bald eine Wurzel und erste Blätter entdecken.

TIPP

Oft findet man im Frühling Kastanien im Laub, die keimen. Die kann man in einen Topf pflanzen.

Die Eiche

(Quercus spec.)

Familie: Buchengewächse *(Fagaceae)*

Die Eiche ist ein mächtiger Baum, wenn er ausgewachsen ist. Er kann mehr als 1000 Jahre alt werden. Bei uns sind die Stieleiche *(Quercus robur)*, auch Sommereiche genannt, die Traubeneiche *(Quercus petraea* oder *Quercus sessilis)*, auch Wintereiche genannt, und die Roteiche *(Quercus rubra)* am häufigsten zu finden.

Die Eiche

Daran kann man sie erkennen:

- Die Blattoberseite der Eiche ist matt und dunkelgrün, während die Unterseite heller ist und keine Behaarung hat. Das Blatt ist gelappt. Der Stamm ist eher kurz und die Krone mächtig. Die Rinde ist stark gefurcht.
- Bei der Stieleiche hat das Blatt keinen (bzw. einen sehr kurzen) Stiel, aber die Eichel ist an einem langen Stiel, daher der Name. Am Stielende des Blatts steht etwas Blattfläche über, die sich leicht wellt. Man nennt sie „Öhrchen".
- Das Blatt der Traubeneiche hat einen Stiel, die Eicheln jedoch nicht.
- Die Stieleiche benötigt mehr Wasser und Nährstoffe als die Traubeneiche. Deshalb steht die Traubeneiche eher an trockeneren Standorten. Da sich beide Arten miteinander kreuzen, ist die Unterscheidung nicht immer einfach.
- Die weiblichen und männlichen Blüten kommen kurz vor den Blättern. Die weiblichen Blüten sehen aus wie kleine, rötliche Kugeln, die männlichen sind lange Stränge, die wie Blütenkätzchen aussehen.
- Des Weiteren gibt es noch die ursprünglich aus Nordamerika stammende Roteiche *(Quercus rubra)*, deren Blätter aber im Vergleich zu den anderen oben genannten Eichen ganz anders aussehen (siehe Foto). Die gelappten Blätter sind im Gegensatz zu den anderen Eichenblättern an den Enden spitz. Die Blattfarben sind aber ähnlich wie die der anderen Eichen. Ihr Stamm wirkt im Vergleich zur Baumkrone länger als der der heimischen Eichenarten.

Roteiche

- Die Früchte unterscheiden sich auch in ihrem Aussehen: Die Eicheln der Roteiche sind gedrungen und dick, während die Eicheln der Stiel- und Traubeneiche schmaler und länglicher sind.
- Für die Rezepte und Basteleien sind alle drei Arten verwendbar.

Dann blüht sie: April bis Mai

Dann reifen ihre Samen: September bis Oktober

So alt kann sie werden: 800 Jahre, manche bis 1000 Jahre, Roteiche: bis 400 Jahre

So groß kann sie werden: 30 bis 40 m

Dort kann man sie finden: Auen, Tiefland, Vorbergland; Roteiche: oft Parks und Alleen, Wälder

Das kann man von ihr verwenden: Blätter, Rinde, Zweige, Früchte

Baum des Jahres: Stieleiche: 1989, Traubeneiche: 2014

Besonderheiten:

- Die Eiche sieht man häufig als Solitärbaum mit beachtlicher Baumkrone. Sie ist auch in einem Wald sehr wertvoll, da sie für mehr als 1000 Tier- und Pflanzenarten Lebensraum und Nahrungsquelle darstellt.
- Bei uns bekannte Hutewälder sind Eichenwälder, durch die im Mittelalter die Schweine zur Mast getrieben wurden, um sich an Eicheln satt zu fressen.
- Die Eichen haben alle zwei bis sieben Jahre ein sogenanntes „Mastjahr", in dem sie besonders viele Eicheln tragen.
- Dieser Baum steht bei uns für Stärke und Standhaftigkeit. Unter ihm wurde oft Gericht gehalten.
- Auf den Rückseiten deutscher Centmünzen ist ein Eichenzweig abgebildet.
- Die Gerbstoffe in der Rinde der Eiche wurden zum Gerben von Leder verwendet. Diese Inhaltsstoffe werden volksmedizinisch auch zum Reinigen von Wunden und zur Behandlung von Hautkrankheiten genutzt.

Heute kann man ein Eichenrindenfußbad beispielsweise zur Eindämmung von Fußpilz nehmen.

- Eichenholz ist hart und durch die Gerbstoffe widerstandsfähig gegenüber Wettereinflüssen. Es wird für Haus- und Schiffsbau verwendet. Fässer aus diesem Holz für Wein und Whiskey sollen den Getränken ein besonderes Aroma verleihen.
- Die Rinde der Korkeiche *(Quercus suber)* wird für die Korkherstellung genommen.
- Da die Roteiche, die seit dem 18. Jahrhundert bei uns wächst, unempfindlicher gegenüber Schädlingen ist, wird sie als Forstbaum genutzt. Das Holz wird wie das der heimischen Eiche verwendet.
- Der Eichelhäher ist wie das Eichhörnchen ein Eichenaussäer, wenn er die vergrabenen Eicheln bis zum Frühling nicht wiedergefunden hat.
- Die älteste Eiche in Europa ist die Königseiche in Dänemark. Sie wird auf 1400 Jahre geschätzt.

Wie die Eichel zu ihrem Hütchen kam

Vor langer, langer Zeit standen Mutter Linde und Vater Eiche am Rande eines kleinen Waldes. Bruder Kiefer und Schwester Kastanie waren ebenfalls ganz in der Nähe. Sie waren eine gute Gemeinschaft, in der alle ihre Stärken einbrachten, wenn sie benötigt wurden. Vater Eiche war stark und strahlte immer Zuversicht aus. Mutter Linde kümmerte sich liebevoll um ihre Nachbarinnen und Nachbarn und linderte so manches Wehwehchen, das über die Jahre nun einmal auch bei Bäumen vorkommen kann. Schwester Kastanie war sehr schwatzhaft und kannte die besten Geschichten, die sie von den vielen Bienen an ihren Blüten erzählt bekam. Bruder Kiefer war etwas verrückt und kam auf die unmöglichsten Ideen, wenn er einmal ins Nachdenken kam. Und im Winter hielt er Wache, denn er behielt ja alle seine Nadeln und war auch in dieser Jahreszeit schön grün. Sie standen nun schon so viele Jahre beieinander und genossen ihre Freundschaft.

Eines Tages, es war Spätsommer und man konnte den Herbst schon in der Luft riechen, sagte Mutter Linde, die ihre Samen als Erste auf Reisen schickte, dass die Samen schon einmal ihr Flugblatt putzen sollten, da es bald losginge. Es ging ein Rauschen durch die Linde, weil sich die kleinen Samen mächtig bemühten, gut vorbereitet zu sein. Wenige Tage später fuhr ein Wind durch die Linde. Die Samen mit ihrem Tanzkleidchen wirbelten durch die Luft und landeten sanft auf der Erde. Es war wunderbar anzuschauen.

Vater Eiche kam wie jedes Jahr um diese Zeit ins Grübeln. Die ersten seiner Eicheln fingen an, zu Boden zu fallen, und man konnte ein leises Schimpfen hören, denn die Eicheln stießen sich immer den Kopf. Betrübt schaute Vater Eiche aus, der eigentlich immer zuversichtlich war. Bruder Kiefer fragte, was ihn denn bedrücke. Er erklärte, dass er unzufrieden damit sei, wie seine Eicheln auf die große Reise geschickt würden. Die Kiefer stimmte zu und erklärte, dass er seine Samen in schöne Zapfen verpacke, damit sie heil am Boden ankamen, und dass diese sogar die Samen vor dem Regen beschützten. Die Zapfen schließen sich, wenn es draußen nass ist, und öffnen sich nur, wenn es trocken ist.

Vater Eiche fragte Schwester Kastanie um Rat, da sie so vieles von den Insekten und

Tieren hörte. Auch die Kastanie erzählte, dass ihre Samen in einer wunderschön weichen, grünen Hülle zur Erde fallen, in der sie gut geschützt sind. Die Stacheln außen auf der Hülle beschützen die Samen sogar zusätzlich. Bruder Kiefer schlug Vater Eiche vor, auch eine Hülle für seine Eicheln zu machen. Auch Mutter Linde fand die Idee großartig. Da es aber nun schon fast Herbst war, schaffte es Vater Eiche nur noch, allen Eicheln ein Mützchen aufzusetzen, bevor der erste starke Herbstwind die Eicheln vom Baum schüttelte.

Dieses Mal hörte man kein Schimpfen mehr von den Eicheln, weil sie sich, durch das Hütchen geschützt, nicht mehr den Kopf stießen! Und so gab Vater Eiche von nun an jedes Jahr den Eicheln ein Hütchen mit auf ihre Reise.

Die Eiche im Frühling

Finjas Frühlingsgedächtnisspiel

Material:

- 2 helle Tücher (z. B. Geschirrtücher)
- Naturmaterialien, die im Frühling schon oder noch zu finden sind, wie Eicheln vom Herbst, erste Blätter, Steine, Zapfen

So geht's:

Ein Tuch wird ausgebreitet. Darauf werden die Naturmaterialien (eins je Sorte) verteilt. Alle Kinder schauen sich die Gegenstände an. Es wird das zweite Tuch darübergelegt. Jetzt müssen sich die Kinder gemeinsam daran erinnern, was auf dem Tuch lag. Je nach Alter der Kinder kann der Schwierigkeitsgrad durch die Anzahl der Gegenstände angepasst werden.

Variante:

Nachdem sich die Kinder die Gegenstände eingeprägt haben, drehen sie sich um und eine erwachsene Person entfernt einen Gegenstand. Nun schauen sich die Kinder die Materialien an und überlegen, welches fehlt.

Elmars Eichelhütchenpfeife

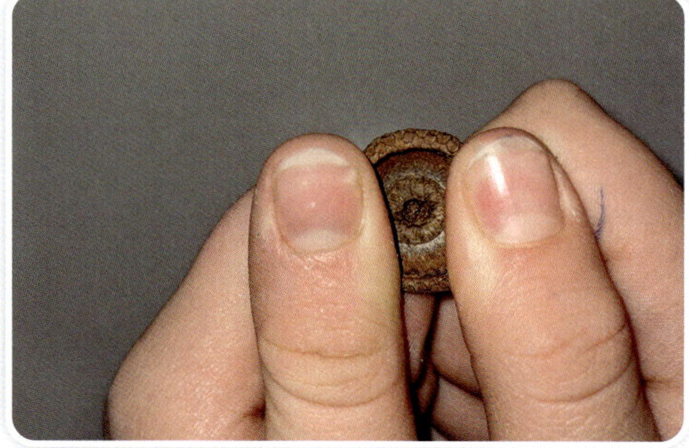

Im Frühling findet man oft noch die Hütchen der Eicheln. Mit etwas Übung kann man auf ihnen pfeifen.

Material:

- Eichelhütchen

So geht's:

Beide Hände zu leichten Fäusten ballen. Man legt sie so zusammen, dass sich die unteren Bereiche der Daumen berühren und oben

V-förmig leicht auseinandergehen. Unter die Daumen wird nun ein Eichelhütchen mit der Innenseite nach oben (Schalenform) geschoben. Nun werden die Daumenballen an das Kinn gelegt und über den Hütchenrand, der von den Daumen nicht verdeckt wird, gepustet. Ein schriller Ton ertönt. Es braucht aber etwas Übung, bis das klappt.

TIPP

Wenn das zu schwierig ist, kann man zwei Hütchen auch so aneinanderschlagen (beide Hohlräume zeigen zueinander), dass ein Klack-Geräusch entsteht. Das ist zwar keine Pfeife, aber immerhin ein Musikinstrument.

Emmas Eichen-Massage

Material:

- Kissen
- Decken oder Matten
- gedämpftes Licht
- evtl. ruhige Musik

So geht's:

An einem ruhigen Ort schaffen Sie eine angenehme Atmosphäre (gedämpftes Licht, ruhige Musik, Matten und Kissen zum Liegen).

Die Kinder tun sich zu Paaren zusammen. Ein Kind legt sich auf dem Bauch auf eine Matte, das andere kniet neben ihm. Eine erwachsene Person spricht den Text und macht die Bewegungen in der Luft vor, während die Kinder sich gegenseitig massieren. Anschließend wird gewechselt.

Zeitbedarf: 20 Minuten

Stell dir vor, du bist eine große, mächtige Eiche und wächst auf einer Wiese. Der Wind weht sanft durch deine Äste. *Mit beiden Händen sanft über Arme und Beine streichen.* Die Sonne scheint warm auf deine Blätter. Auch dir wird ganz warm. *Die Hände kräftig aneinander warm reiben und sofort flach auf dem Rücken auflegen. Mehrfach wiederholen.* Überall um dich herum blühen die Eichblüten an deinen Zweigen. *Mit allen zehn Fingerspitzen den Rücken, die Arme und Beine entlangklopfen.* Die Bienen fliegen von Blüte zu Blüte. *Mit Zeigefinger und Mittelfinger über Rücken, Arme und Beine hüpfen.*

Dann fängt es an, zu regnen. *Mit allen zehn Fingerspitzen den Rücken, die Arme und Beine entlangklopfen.* Das Jahr geht vorüber und es wird Herbst. Aus den Blüten an deinen Zweigen sind Eichelfrüchte geworden. Ganz schwer hängen sie an deinen Ästen. Der Herbstwind bläst kräftig und schüttelt an deinen Zweigen. *Auf den Hinterkopf und in den Nacken pusten.* Der Wind schüttelt die Eicheln aus den Hütchen und sie fallen auf der Erde. *Alle zehn Fingerspitzen klopfen ganz leicht Rücken, Arme und Beine entlang.* Ein Eichhörnchen flitzt schnell durch deine Baumkrone und sammelt ein paar Eicheln von dir herunter. *Mit Zeigefinger und Mittelfinger über Rücken, Arme und Beine hüpfen.*

Den ganzen Winter über schlafen die Eicheln in der Erde. *Mit beiden Händen fest vom Kopf bis zu den Fußspitzen ausstreichen.* Im Frühling scheint die Sonne wieder warm auf deine Blätter. *Wieder die Handflächen kräftig aneinanderreiben und sofort fest auf den Rücken legen. Mehrfach wiederholen.* Die Keime in den Eicheln erwachen, stecken ihre Köpfchen aus der Erde und wachsen zu stolzen Eichen heran. *Die Kinder stehen langsam auf und recken und strecken sich.*

Die Eiche im Sommer

Eichhörnchen, such!

Dieses Spiel erfordert Konzentration und ein gutes Gedächtnis. Es kann dem Entwicklungsstand der Kinder durch die Anzahl der Eicheln angepasst werden. Unter einer Eiche sollte man es nicht spielen, da gibt es zu viele Eicheln …

Material:

- Waldstück
- für jedes Kind 5 Eicheln

So geht's:

Die Kinder sind Eichhörnchen im Herbst. Jedes Kind bekommt fünf Eicheln. Diese muss es nun im Waldstück verstecken bzw. vergraben.

© Olga Maksimava – Shutterstock.com

Dabei ist es aber wichtig, sich die Stellen gut zu merken! Nach einer bestimmten Zeit (im Spiel ist es dann Winter) sucht jedes Eichhörnchen seine Eicheln wieder. Werden alle wiedergefunden? Falls nicht, wachsen im kommenden Jahr vielleicht an den Stellen neue Eichen?

Emilio Eichenkönig und Emilie Eichenkönigin

In einigen Ländern Europas ist es Tradition, sich zur Sommersonnenwende am 21. Juni eine Krone aus Eichenblättern zu basteln. Die Eichenblätter sind schön fest und eignen sich gut.

Material:

- viele Eichenblätter (es gehen notfalls auch Blätter von anderen ungiftigen Bäumen)
- Bindfäden
- Schere

So geht's:

Die Kinder machen mit den Fingernägeln ein kleines Loch oder einen Schlitz in jedes Blatt und fädeln den Bindfaden hindurch. (Zum Löchern der Blätter kann ein etwas spitzerer Stein hilfreich sein.) Ist die Blätterkette so lang wie der Kopfumfang des Kindes, kann eine erwachsene Person die Kette um den Kopf legen und einen Knoten am Hinterkopf des Kindes binden. Fertig ist die Blätterkrone!

Eckharts Eichelfarbbeobachtung

Material:

- frische, noch grüne Eicheln
- Teller
- Fotoapparat
- Plakatpapier
- Stifte

So geht's:
Die Kinder legen die grünen Eicheln auf den Teller und fotografieren sie. Das Foto wird auf das Plakat geklebt und das Datum dazu notiert. Jeden Tag knipsen die Kinder ein neues Foto und kleben es auf. Über die Tage ist eine Farbveränderung der Eicheln zu beobachten. Durch die Gerbstoffe, die mit dem Alter der Eichel zunehmen, färbt sie sich von gelb über braun bis fast schwarz. Je dunkler die Eichel ist, desto mehr Gerbstoffe haben sich gebildet.

Die Eiche im Herbst

Eddas Eichelmehl

In Notzeiten wurden Eicheln zur Herstellung von Mehl verwendet. Um sie für uns genießbar zu machen, müssen zunächst die bitteren Gerbstoffe herausgewaschen werden.
Die Eichelhütchen gut aufbewahren und zur Seite legen, sie können für allerlei Basteleien (siehe z. B. S. 70, 75) verwendet werden.

Zutaten:
- Eicheln
- Wasser

Material:
- Waschbecken, Backofen, Backblech, Eimer, Kaffeemühle

So geht's:
Um Eicheln verarbeiten zu können, müssen sie erst von der Schale befreit werden. Dafür waschen die Kinder die Eicheln zunächst gründlich und verteilen sie dann auf dem Backblech. Im Ofen bei ca. 160 °C platzen die meisten Eichelschalen schon nach wenigen Minuten auf. Die Eicheln abkühlen lassen und dann die Schalen von den Früchten abknibbeln. Nun werden die geschälten Eicheln gewässert, um die Gerbstoffe herauszulösen. Dazu werden sie in einem Eimer mit reichlich Wasser übergossen. In den nächsten fünf Tagen wird täglich morgens und abends das Wasser gewechselt. Wenn es sich nicht mehr verfärbt, sind die Eicheln fertig zur Weiterverarbeitung. Wenn sie nach einigen Tagen getrocknet sind, können sie in einer Kaffeemühle oder einem Hochleistungsmixer zu feinem Pulver gemahlen werden. Zu besseren

Haltbarkeit lassen Sie das Mehl im Ofen mit leicht geöffneter Tür bei ca. 80 °C 1,5 Stunden lang trocknen.

TIPP

- Das Eichelmehl kann zum Plätzchenbacken verwendet werden. Man kann ungefähr die Hälfte des Mehls durch Eichelmehl ersetzen.
- Das Eichelmehl ist ebenfalls dazu geeignet, pikante Gerichte wie Frikadellen oder Brotaufstrich daraus zuzubereiten.
- Geröstetes Eichelmehl ist ein bekannter koffeinfreier Kaffeeersatz.
- Sollten Sie nicht genug Eichelmehl selbst herstellen können, kann man es inzwischen auch schon im Internethandel fertig kaufen.

Emils Eichengallen-Tinte

Aus den Galläpfeln von Eichen (Kokons der Gallwespenlarve) kann eine dokumentenechte, schwarze Tinte hergestellt werden. Das braucht Zeit.

Material:

- Eisennägel
- Schraubdeckelgläser
- 1 EL Essig
- Wasser
- Eichengallen, die schon ein Loch aufweisen (dann sind die Tiere schon geschlüpft)
- Kleisterpulver zum Andicken
- Messer und Brettchen
- Topf

So geht's:

Zunächst muss Eisensud hergestellt werden, um die Farbe zu intensivieren. Dafür legen die Kinder ein paar Eisennägel in ein Glas, geben Wasser und den Essig hinzu. Diese Mischung bleibt ein paar Wochen stehen, bis sich sichtbarer Rost gebildet hat.

Schneiden Sie die Gallen in kleine Stücke und weichen Sie sie über Nacht in einem Topf mit Wasser ein. Dann auf kleiner Stufe erhitzen und ca. 15 Minuten leicht köcheln lassen. Fügen Sie etwas Eisensud hinzu und lassen Sie die schwarze Mischung köcheln, bis sich die Flüssigkeit etwas reduziert hat. Mit sehr wenig Kleisterpulver leicht andicken und in Schraubdeckelgläser füllen.

TIPP

Sind keine Eichengallen zu finden, können auch Eicheln oder Rinde von am Boden liegenden Zweigen genommen werden. Für die Tinte werden die Gerbstoffe der Eiche genutzt.

Edeltrauts Eichel-Schokoaufstrich

Zutaten:

- 250 g gewässerte Eicheln oder Eichelmehl
- 200 g dunkle Schokolade
- 2 TL Backkakao
- 200 g Butter oder Kokosöl
- Wasser

Material:

Pürierstab, Herd, 2 Töpfe (groß und klein für ein Wasserbad), Löffel, Waage, Schraubdeckelgläser

So geht's:

Den großen Topf mit etwas Wasser füllen und den kleineren Topf hineinstellen. Darin Schokolade und Butter im Wasserbad schmelzen. Alle Zutaten mit dem Pürierstab vermischen, bis eine streichfähige Paste entsteht. Ggf. etwas mehr Butter für die Cremigkeit hinzufügen. Den Aufstrich in ein Schraubglas füllen. Er hält sich ungefähr eine Woche im Kühlschrank.

Die Eiche im Winter

Kunigundes Kuschel-Eicheln

Wenn man viele Hütchen der Eicheln gefunden hat, kann man die dazugehörigen Eicheln auch aus Filzwolle mit der Nassfilztechnik basteln.

Material:

- Märchenwolle in verschiedenen Farben, flüssige Seife, Schalen, Wasser, Eichelhütchen (besonders geeignet sind die breiten Roteichenhütchen), flüssiger Klebstoff, alte Handtücher

So geht's:

Eine Schale mit etwas Wasser mit etwas Flüssigseife vermischt vorbereiten. Die Handtücher auf den Tisch legen, damit sie das Wasser von den Händen auffangen können. Ungefähr walnussgroße Flocken von der Märchenwolle abzupfen, in die Schale mit dem Seifenwasser eintauchen und gut ausdrücken. Zwischen den Händen kugelig rollen, bis sich die Wolle festigt und zu einer runden Kugel wird. Immer wieder einmal ausprobieren, ob das Hütchen für die Filzeichel passt. Mit den Händen die Kugel etwas länglich formen, um der Gestalt einer echten Eichel möglichst nahe zu kommen. Die Kugel mit etwas Wasser auswaschen und trocknen lassen. Später die Filzkugel in das Hütchen kleben.

Renettes Roteichen-Kreisel

Für diese Bastelei sind die Roteichenfrüchte besonders gut geeignet, da sie für einen Kreisel an sich schon eine gute Form mitbringen.

Material:

- Roteicheln (ohne Hütchen)
- Prickelnadel
- Glas
- Pappe
- Buntstifte
- Schaschlikspieße aus Holz
- Schere
- ggf. flüssiger Klebstoff

So geht's:

Mit der Prickelnadel stechen Sie in die obere, breite Fläche der Eichel mittig ein Loch. Nun können die Kinder mithilfe des Glases auf die Pappe einen Kreis aufmalen und diesen bunt gestalten. In die Mitte dieser Pappscheibe stechen Sie ebenfalls mit der Prickelnadel ein Loch. Durch dieses Loch wird der Schaschlikspieß mit der Spitze hindurchgesteckt und anschließend in das Loch in der Eichel gedrückt, sodass dieser fest in der Eichel sitzt. Nun können die Kinder versuchen, den Kreisel zu benutzen. Ist der Schaschlikspieß zu lang, kürzen Sie ihn mit einer Schere. Wenn die Pappscheibe zu locker sitzt und sich nicht mitdreht, kleben Sie sie einfach mit etwas Klebstoff auf die Eichel.

Ebrus Wunsch-Eichelkette

Material:
- Roteicheln mit Hütchen
- Prickelnadel
- Schaschlikspieße aus Holz
- Messer
- flüssiger Klebstoff
- ggf. Stricknadeln
- Bindfaden
- kleine Papierstreifen/Stift
- Materialien zum Füllen (schöne, kleine Steinchen, getrocknete Kräuter, Glitzerpulver etc.)

So geht's:
Das Hütchen von der Eichel nehmen und mit der Prickelnadel vorsichtig ein Loch in das Hütchen stechen. Ziehen Sie den doppelt gelegten Bindfaden von oben nach unten ein Stück durch das Loch im Hütchen und verknoten Sie die Enden miteinander, damit das Band nicht mehr durch das Loch herausrutschen kann (ggf. mit etwas Klebstoff befestigen). Nun schneiden Sie mit einem Messer aus der Eichel die helle, kreisförmige Markierung, die das Eichelhütchen hinterlassen hat, vorsichtig heraus. Durch dieses Loch wird nun der Inhalt der Eichel mit dem Schaschlikspieß herausgepult. Das geht am besten, indem man mit dem Spieß (oder einer Stricknadel) die Eichel im Inneren zerkleinert und dann herausholt. Ist die Eichel innen hohl, kann sie gefüllt werden: Auf die kleinen Papierstreifen kann man Wünsche malen oder aufschreiben (lassen) und, klein zusammenrollt, in die Eichel stecken. Auch Kräuter, Glitzerpulver, Glücksbringer usw. können hinein. Ist die Eichel gefüllt, wird das Hütchen wieder aufgeklebt. Wenn der Kleber getrocknet ist, kann man sich die Kette umhängen.

TIPP
Es können auch Freundschaftsketten gestaltet werden, um sie zu verschenken.

Ennos Eichelfußbad

Mit Eichenrinde von abgebrochenen Ästen oder toten Eichenstämmen kann man ein Fußbad machen. Das kann durch die Gerbstoffe – nach Erfahrungen meiner Oma – virenhemmend und wundheilend sein.

Material:
- 2 Handvoll Eichenrinde
- Topf und Wasser
- Herd
- Messbecher
- 4 oder 5 Stühle
- 4 oder 5 Eimer
- Handtücher

So geht's:
Kochen Sie die Eichenrinde im Topf mit 1 l Wasser für ungefähr 15 Minuten auf. Gießen Sie 200 ml Eichenrindentee in je einen Eimer und füllen Sie sie mit warmem Wasser auf. Nun können vier oder fünf Kinder 10–15 Minuten lang ihre Füße darin baden. Anschließend die Füße gut abtrocknen.

Die Fichte

(Picea spec.)

Familie: Kieferngewächse *(Pinaceae)*

- Es gibt von diesem immergrünen Baum mehrere Arten. Am häufigsten bei uns zu finden ist die Rotfichte *(Picea abies)*, auch Gemeine Fichte oder Rottanne genannt.

Die Fichte

Daran kann man sie erkennen:

- Die Rinde der Fichte ist rötlich und glatt, später eher graubraun mit vielen kleinen Schuppen.
- Dieser Baum hat eine gleichmäßige, kegelförmige Baumkrone auf geradem Stamm. Die Äste hängen herab.
- Seine Nadeln sind vierkantig, spitz, glänzend grün und steif. Sie lassen sich also nicht gut verbiegen. Die Nadeln wachsen auch um den Zweig rundherum.
- Die weibliche Blüte sieht aus wie ein kleiner rötlicher Zapfen, der zur Blütezeit noch aufrecht wie eine Kerze auf dem Zweig sitzt. Später als Zapfen hängt sie vom Zweig herunter. Die männlichen, rot bis grünen, walzenförmigen Blüten sind leicht gebogen und ähneln in ihrem Aussehen Erdnussflips.
- Oft besteht eine Unsicherheit, ob der Nadelbaum, der vor einem steht, eine Tanne oder eine Fichte ist: Hängen die Zapfen nach unten, ist es eine Fichte. Die Tanne hat auf den Zweigen stehende Zapfen. Letztere fallen auch nicht als ganzer Zapfen auf die Erde, sondern in kleinen Einzelstückchen, sodass ein Nadelbaum, unter dem längliche, ganze Zapfen liegen, mit großer Wahrscheinlichkeit eine Fichte ist. Der Merksatz: „Die Fichte sticht, die Tanne nicht" beschreibt ebenfalls ein Unterscheidungsmerkmal. Die Nadeln der Fichte sind spitz und piksen, die der Tanne sind stumpf und weich. Außerdem: Reißt man eine Fichtennadel vom Zweig, geht ein Stück Rinde mit ab. Die Tanne dagegen hat ein rundliches Nadelende am Zweig und löst sich an dieser Stelle ab, ohne die Rinde mit abzulösen. Eine Verwechselung mit der Tanne oder auch Douglasie ist aber ungefährlich.
- In den Fichtenzapfen sind kleine Flügelsamen, die Lichtkeimer sind.
- Gefährlich ist die Verwechselung mit der Eibe, die in fast allen Teilen sehr giftig ist. Deren Nadeln sind weich und an der Oberseite dunkelgrün, während die Unterseite heller ist und blassgrüne Längsstreifen hat. Die Eibe trägt keine Zapfen, sondern samtig-rote Beeren, die innen um den Kern schleimig sind. Der Stamm der Eibe ist selten gerade, meist mehrstämmig und tief gefurcht mit fetzenartigen Rissen

Fichtenzweig links, Eibenzweig rechts

Stamm einer Eibe

Dann blüht sie: Ende April bis Juni

Dann reifen ihre Samen: September bis Oktober

So alt kann sie werden: bis 300 Jahre

So groß kann sie werden: 30 bis 70 m

Dort kann man sie finden: feuchte und kühle Gebirgslagen

Das kann man von ihr verwenden: Nadeln, junge Austriebe, Zapfen

Baum des Jahres: 2017

Besonderheiten:

- Die Fichte ist der häufigste Waldbaum in Deutschland, da sie gern als Holzlieferant und für den Bergbau angepflanzt wurde. Sie nimmt ungefähr 1/3 der Waldfläche ein. Die Fichte wächst schnell und gerade und ist daher ideal für den Bau von Häusern und Möbeln geeignet. Auch die Papierindustrie mag das helle Holz der Fichte gern.
- In manchen Gegenden Europas wird eine Fichte statt einer Birke als Maibaum genommen. Und beim Richtfest, also dem erfolgreichen Aufstellen der Dachkonstruktion eines neu gebauten Hauses, ist es traditionell die Fichte, die als Firstbaum auf dem Dach aufgestellt wird.
- Verwirrend ist oft die Bezeichnung „Tannenbaum" als übergeordnete gebräuchliche Bezeichnung für einen Weihnachtsbaum, der oft auch eine Fichte und keine Tanne ist.

- Volksmedizinisch wird das ätherische Öl der Fichte zur Behandlung von Erkältungskrankheiten und Rheuma eingesetzt. Badezusätze und Einreibungen mit Fichte gelten als durchblutungsfördernd.
- Die Nadeln der Fichte erneuern sich alle sieben Jahre.
- Eine Fichte in Schweden ist mit 9550 Jahren der älteste Baum der Welt.

GESCHICHTEN-TIPP

Eine passende Geschichte für den Einstieg in das Thema ist das Märchen *„Der Tannenbaum"* von Hans Christian Andersen.

Finn Fichtenwichtel kommt in die Schule

Es war einmal ein Fichtenwichtel namens Finn. Er lebte mit seinen Eltern und seiner kleinen Schwester Finja – wie es sich für Fichtenwichtel gehört – unter den Wurzeln einer Fichte.

Finn ging in den Waldkindergarten und war kurz davor, in die Waldschule zu kommen, denn er war schon sechs Jahre alt. Anders als bei Menschenkindern fängt die Schule für Wichtel erst im Winter an, wenn es für Waldwichtel nicht mehr so viel zu tun gibt, weil die Natur im Winter ruht.

Finn war sehr aufgeregt, denn der Abschluss der großen Waldkindergartenkinder stand bevor. Sein Freund Karl Kastanie und seine Freundinnen Kim Kiefer und Wilma Weide kamen ebenfalls in die Waldschule. An ihrem letzten Kindergartentag feierten sie zusammen ein wunderbares Abschlussfest. Sie machten eine Wissensolympiade und viele weitere Spiele. Es gab Fichtenlimonade, Lindenblätterröllchen und Stockäpfel am Lagerfeuer. Bis tief in die Nacht durften die großen Kindergartenkinder wach bleiben und feiern. Schließlich hatten sie ab dem nächsten Tag Ferien. Bei den Waldwichteln dauern sie allerdings nur eine Woche. Diese Ferienwoche war schnell vorbei und schon stand der große Tag bevor. Finn konnte nicht einschlafen vor Aufregung. Er telefonierte mit dem Pilztelefon mit Karl Kastanie, der am Waldrand unter den Wurzeln der Kastanie lebte. Auch Karl konnte nicht einschlafen. Sie rätselten, was wohl in der schönen Schultüte war, die beide Wichtel morgen bekommen würden. Harzkaugummi, schätzte Finn, und Buntstifte. Karl tippte auf Seife und eine Brotdose. Es half alles nichts, sie mussten wohl bis zum nächsten Tag warten.

Am nächsten Tag war Finn schon sehr früh wach. Er frühstückte mit seiner Familie. Seine Schwester Finja brauchte heute nicht in den Waldkindergarten zu gehen, denn sie durfte mit zu Finns Einschulung. Endlich war es so weit! Finn ging mit seinem neuen Schulranzen aus wunderbar duftender Fichtenrinde und einer bunten Schultüte zur Schule. Auf dem Weg dorthin traf er Kim Kiefer, die nebenan wohnte.

Auf dem Schulhof, der aus einem Baumstumpf einer alten Eiche bestand, trafen sich alle Kinder der ersten Klasse. Auch Wilma Weide und Karl Kastanie waren dort. Eine Glocke läutete und die Kinder gingen in ihren Klassenraum, der unten in den Wurzeln verborgen war. Finn setzte sich und war froh, dass Karl neben ihm saß. Auf die andere Seite setzte sich ein Wichtelmädchen,

das er noch nicht kannte. „Hmmm", sagte sie und schnupperte mit ihrer Wichtelnase in der Luft herum. „Bist du das, der hier so schön nach Wald und Weihnachten riecht?", fragte sie. Finn bejahte, denn sein neuer Schulranzen roch doch so wunderbar nach Fichte. „Ich heiße Lina Linde", sagte das Wichtelmädchen. Weiter kamen sie nicht mit dem Gespräch, denn ihre Lehrerin Holla Holunder betrat das Klassenzimmer.

Sie sah sehr freundlich aus und schaute immer über ihre große Brille. Alle Wichtelkinder stellten sich vor und erzählten, wo sie im Wald wohnten. Und da war die erste Unterrichtsstunde auch schon um. Das Pausenglöckchen läutete. Schnell gingen die Kinder auf den Pausenhof zu ihren Eltern zurück. Die Wichtelkinder setzten sich gemeinsam auf den Pausenhof und schauten endlich in ihre Schultüten. Finn hatte sein geliebtes Harzkaugummi und ein tolles Taschenmesser mit grünem Griff darin. Karl bekam Buntstifte in acht Farben, Wilma ein Springseil, Kim ein paar bunte Handschuhe und Lina eine herzförmige Brotdose.

Schon war der erste Schultag vorbei und Finn ging mit seiner Familie nach Hause, um noch etwas mit heißem Kakao und Eichelplätzchen zu feiern. Das war ein aufregender Tag! Was wohl in eurer Schultüte sein wird?

Die Fichte im Frühling

Fietes Fichtensirup

Von April bis Ende Mai kann man die neu ausgetriebenen Fichtennadeln, wenn sie noch weich und hellgrün sind, für allerlei Schmackhaftes verwenden. Man kann sie gleich direkt vom Baum naschen! Die Fichtenspitzen sind auch unter dem Namen Maiwipfel bekannt und enthalten viel Vitamin C.

Zutaten:
- 2 Handvoll junge Fichtenspitzen
- 1–2 Gläser flüssiger Honig (am besten Waldhonig)

Material:
- 2–3 Schraubdeckelgläser

So geht's:
Die Kinder verteilen die Fichtenspitzen auf die Gläser und übergießen sie mit dem Honig, bis sie bedeckt sind. Den Fichtensirup für zwei Monate ziehen lassen. Man kann die Fichtenspitzen im Honig belassen. Zur Hustenzeit im Herbst und Winter ist er ein aromatischer Begleiter für Tee.

TIPP

Soll es vegan sein, können Sie statt des Honigs einfach braunen Zucker nehmen und ihn abwechselnd mit den Fichtenspitzen in ein Glas schichten. Mit einer Zuckerschicht abschließen. Der Zucker wird mit der Zeit flüssig und zu Sirup. Die Fichtenspitzen können aufgenascht werden. Vielleicht auf ein Butterbrot gelegt?

Stephans Schokoladenfichtenpralinen

Zutaten:
- 2 Handvoll junge Fichtenspitzen
- 200 g Zartbitterschokolade oder Kuvertüre

Material:
- 2 Töpfe (groß und klein für ein Wasserbad), Herd, Backbleche mit Backpapier, Esslöffel

So geht's:
Die Kinder brechen die Schokolade in kleine Stückchen und geben sie in den kleineren Topf. Dieser wird dann in den großen, mit etwas Wasser gefüllten Topf gestellt und die Schokolade im Wasserbad geschmolzen. Tauchen Sie die Fichtenspitzen vorsichtig in die geschmolzene Schokolade und legen Sie sie auf das Backpapier zum Abkühlen. Fertig sind die Fichtenspitzenpralinen.

TIPP

Sollten noch Fichtenspitzen übrig sein, können Sie sie auch als Gemüse kochen und pikant würzen oder als Suppeneinlage verwenden. So wird aus einer Gemüse- oder Nudelsuppe ganz schnell eine Waldsuppe.

Florians Fichtenbrotaufstrich

Zutaten:
- 250 g weiche Butter
- kleine Handvoll junge, weiche Fichtenspitzen
- 1 TL Salz und 2 Pr. Pfeffer
- 1 TL abgeriebene Schale einer Bio-Zitrone
- Brot

Material:
- saubere Scheren, tiefe Schale, Gabel, Teelöffel, Messer, ggf. feine Reibe für die Zitrone

So geht's:
Die Kinder füllen die weiche Butter in die Schale und geben Salz und Pfeffer hinzu. Mit den Scheren schneiden die Kinder die Fichtenspitzen fein und geben sie ebenfalls dazu. Alle Zutaten gut miteinander verrühren. Mit dem Messer etwas Brotaufstrich auf das Brot verstreichen und genießen.

Die Fichte im Sommer

Werners Waldduftkissen

Material:
- Fichtennadeln
- Scheren
- Stoffsäckchen oder feine Socken
- Watte
- Bindfaden

So geht's:
Die Kinder schneiden die Nadeln mit der Schere klein und füllen sie in die Socken oder Stoffsäckchen. Etwas Watte hinzugeben und die Socke zuknoten oder das Stoffsäckchen mit einem Band zubinden. An die Nase halten und tief einatmen.

TIPP

Wenn der Duft irgendwann verflogen sein sollte, kann man das Kissen vorsichtig kneten, um weitere ätherische Öle freizusetzen.

Fridolins Fichtenlimonade

Zutaten:
- 2 Handvoll Fichtenzweigenden
- 1 Bio-Zitrone
- ½ l Wasser
- 1 Flasche Mineralwasser mit Kohlensäure

Material:
- Messer und Brett, Messbecher, Glaskaraffe und Gläser, Sieb

So geht's:
½ l Wasser mit dem Messbecher abmessen lassen. Die Kinder waschen die Fichtenzweigenden und geben sie zum Wasser in den Messbecher. Die Zitrone schneiden Sie in dicke Scheiben und geben sie ebenfalls hinzu. Im Kühlschrank zieht alles für zwei Stunden durch. Anschließend gießen Sie die Flüssigkeit durch ein Sieb in die Karaffe und füllen mit dem Mineralwasser auf. Fertig ist die Waldlimo!

TIPP

Zwischen Sommer und dem nächsten Frühling kann man die dunklen, ausgereiften Fichtennadeln sammeln, die mehr ätherische Öle enthalten, dafür aber deutlich fester sind.

Martins megagroßes 3D-Memo

Material:
- je 2 gleiche Naturmaterialien, wie Fichtenzapfen, Blätter, Steine, Zweigstücke
- pro Naturmaterial 2 (Papp-)Teller oder kleine Tücher

So geht's:
Die Teller/Tücher werden auf dem Boden verteilt. In Abwesenheit der Kinder legen Sie je ein Naturmaterial auf einen Teller/ein Tuch und decken es mit einem weiteren Teller bzw. Tuch ab. Fertig ist das Memo-Spiel!

Nun kommen die Kinder dazu. Wie beim Memo-Spiel decken die Kinder nun nacheinander jeweils zwei Teller auf und müssen die passenden Gegenstücke finden.

TIPP
Für ältere Kinder kann man verschiedene Materialien kombinieren und so die Schwierigkeit erhöhen, z. B. Blatt und Frucht eines Baums, jeweils graue und braune Steine.

Die Fichte im Herbst

Friederikes Fichtenzapfeneulen

Material:
- Fichtenzapfen
- Federn
- Papierreste
- gelber und schwarzer Buntstift (alternativ: Wackelaugen und gelbes Tonpapier)
- flüssiger Klebstoff
- Schere
- Bindfaden

So geht's:
Den Zapfen legen die Kinder mit der Spitze nach unten flach auf den Tisch. An jede Seite klemmen sie eine Feder in eine Zapfenschuppe und befestigen sie ggf. mit Klebstoff. Auf das Papier malen die Kinder zwei Augen und eine gelbe, ausgemalte Raute. Beides wird ausgeschnitten (alternativ hier: Wackelaugen und Raute aus dem gelben Tonpapier). Mit Klebstoff werden die Augen und die mittig zum Schnabel geknickte Raute auf den Zapfen geklebt. Am oberen Ende des Zapfens bringen Sie einen Bindfaden an. Fertig ist die Eule!

TIPP
Die Eulen in ein Fenster hängen. Auf der Fensterbank einen Wald aus Zapfen gestalten (siehe nächste Anleitung).

Zaniras Zapfenwald

Material:

- Fichtenzapfen
- Fichtenzweige, bleistiftlang
- grüne Fingermalfarbe
- Pinsel
- grüne Federn
- ggf. grünes Glitzerpulver
- Knete
- Schere
- Moos
- kleine Steine
- längliches Brett oder Teller als Unterlage

So geht's:

Die Kinder malen die Zapfen grün an. Wenn gewünscht, mit etwas Glitzerpulver bestreuen, solange die Farbe noch feucht ist. Die Kinder schneiden die Federn kleiner und stecken sie in die Zapfenschuppen. Die Zapfen werden mit der Spitze nach oben in die Knete (als Standfuß) gedrückt und auf dem Brett oder Teller platziert. Die Fichtenzweige werden genauso befestigt. Mit etwas Moos und den Steinen gestalten die Kinder den „Waldboden" auf der Unterlage. Fertig ist der Zapfenwald.

TIPP

Man kann verschiedene Zapfen nehmen (Lärche, Kiefer usw.). Dann bekommt der Wald eine schöne Struktur und sieht einem echten Wald mit seinen unterschiedlichen Baumarten noch ähnlicher.

Waltrauds Waldklangspiel

Material:

- Naturmaterialien, wie Zapfen, Fichtenrinde, Walnüsse, Stöckchen, Steinchen, Kastanien
- Handbohrer
- fester Bindfaden
- Zweig

So geht's:

Mit dem Handbohrer bohren Sie Löcher in die Naturmaterialien. Die Steinchen umwickeln die Kinder mit etwas Band – wie ein Geschenk. Die Kinder verbinden die Naturmaterialien mit einer Schnur und binden sie als Mobile an den Zweig oder hängen sie direkt in den Baum. Wenn der Wind die Schnüre bewegt und die Gegenstände aufeinandertreffen, ertönen verschiedene Klänge.

Wilmas Waldsalz

Zutaten:
- 75 g Fichtennadeln
- 200 g Salz
- 1 Bio-Orange

Material:
- feine Reibe, Handmörser oder Multizerkleinerer, Löffel, Schraubdeckelglas, Waage

So geht's:
Die Fichtennadeln werden im Mörser oder im Zerkleinerer fein gemahlen und die Orangenschale mit der Reibe abgerieben. Alle Zutaten in das Schraubdeckelglas geben und gut schütteln. Fertig ist das Waldsalz! Lassen Sie den Deckel des Glases noch einige Zeit geöffnet, bis die Feuchtigkeit verdunstet ist. Man kann das Salz aber schon frisch verwenden. Verwenden Sie es sparsam, da der Geschmack sonst zu intensiv ist und das Essen „nach Badezusatz schmeckt".

TIPP

Es gibt bereits getrocknete und gemahlene Fichtennadeln im Internet zu kaufen, was das Zubereiten dieses Salzes erleichtern kann.

Franziskas Fichtennadel-Mutmacher-Öl

Material:
- 2 Handvoll Fichtennadeln
- 150 ml Sonnenblumenöl

Material:
- Handmörser oder Multizerkleinerer, Löffel, Schraubdeckelglas, Sieb, Fläschchen oder kleine Gläser zum Abfüllen

So geht's:
Die Fichtennadeln werden im Mörser oder im Zerkleinerer grob zerkleinert. Die Kinder geben alle Zutaten in das Schraubdeckelglas und schütteln gut. Von nun an wird vier Wochen lang jeden Tag das Glas geschüttelt. Nach der Ziehzeit seihen Sie das Öl durch das Sieb und füllen es in kleine Gläser.

TIPP

Eine Hand- oder Fußmassage mit dem Öl wirkt belebend und macht gute Laune.

Die Fichte im Winter

Wassilias Waldkaugummi

Zutaten:

- frisches, noch weiches Fichtenharz

Material:

- altes Messer, Gummihandschuhe, kleine Kunststofftüte zur Aufbewahrung des Messers nach der Ernte

So geht's:

Harz lässt sich das ganze Jahr hindurch sammeln. Eine kleine Menge Fichtenharz kann man einfach lutschen oder wie ein Kaugummi kauen. Es ist gut geeignet als kleine Kraftnahrung für unterwegs.

TIPP

Auf einen Holzsplitter in der Haut aufgetragen, hilft das Harz nach volksmedizinischer Tradition beim Heilen und Entfernen des Splitters.

ACHTUNG!

Baumharz ist ein natürlicher Wundverschluss der Bäume. Bitte öffnen Sie deren Wunden beim Harzsammeln nicht, sondern nehmen Sie nur oberflächlich Harz ab. Verwenden Sie ein altes Messer und Gummihandschuhe, denn es klebt stark und lässt sich kaum von Gegenständen und Kleidung entfernen.

Waldemars Waldschach

Das Material für dieses Spiel kann man sich spontan im Wald zusammensuchen und gleich losspielen. Brennholzlagerstellen sind besonders gut geeignet. Nach dem Spielen bitte das Holz wieder zurücklegen.

Material:

- 8 dickere Holzstücke, die senkrecht aufgestellt werden können
- 6 zweifingerdicke Stöcke zum Werfen
- 1 dicker, besonderer Holzstab, der senkrecht stehen kann
- 1 Fichtenzapfen
- Sandfläche

So geht's:

Ein rechteckiges Feld, ungefähr 4 m lang und 2 m breit, wird mit einem Stock in den Sand gemalt.

So wird gespielt:

Es werden zwei Mannschaften mit maximal je sechs Kindern gebildet. Jede bekommt vier Holzstücke und stellt sich an einer schmalen Seite des Feldes auf. An der Linie werden nun die vier Holzstücke in gleichmäßigem Abstand zueinander aufgestellt. Der dicke, besondere Stab wird in die Mitte des Feldes gestellt.

Das ist der Waldwichtel. Auf seinen Kopf wird der Fichtenzapfen gestellt. Eine Mannschaft bekommt nun die sechs Wurfhölzer.

Jede Mannschaft versucht nun, mit allen sechs Wurfstäben nacheinander die vier Zwerge der anderen Mannschaft an deren Linie umzuwerfen. Dabei hat jedes Kind einer Mannschaft einen Wurf. Nachdem alle Kinder einer Mannschaft geworfen haben, ist die andere Mannschaft dran. Die Mannschaften werfen somit abwechselnd mit denselben sechs Wurfhölzern. Jeder umgeworfene Zwerg wird neben das Spielfeld gelegt. Sind alle Zwerge weg, versuchen die Kindermannschaften, den Waldwichtel in der Mitte zu treffen. Jetzt wirft immer nur eine Mannschaft ein Wurfholz und dann ist die andere dran. Die Mannschaft deren Kind dem Waldwichtel den Fichtenzapfen zuerst vom Kopf wirft, hat gewonnen. Fällt dem Waldwichtel vorher – bei den anderen Würfen – sein Hut vom Kopf, ist das Spiel zu Ende und die Mannschaft des werfenden Kindes hat verloren.

Marlenes Minitannenbaum

Es entsteht ein kleiner Baum für die Fensterbank aus übrig gebliebenen Fichtenzweigen.

Material:

- Blumentopf
- Sand
- Fichtenzweige
- ggf. Gartenschere
- Band oder Draht
- Stock
- Moos

So geht's:
Den Blumentopf füllen die Kinder mit Sand. Sie legen die Fichtenzweige zu einem Strauß zusammen und binden ihn locker zusammen. Die Zweige ggf. zurechtschneiden. Den Stock so hineinstecken, dass er mit dem Straußende abschließt. Binden Sie die Zweige mit Band oder Draht stramm um den Stock. Stecken Sie den Stock so in den Blumentopf, dass die Zweige nach unten zeigen. Fertig ist die Fichte in Miniaturformat. Die Kinder legen Moos auf den Sand.

Eine kleine LED-Lichterkette in diesem Bäumchen sieht wunderbar aus.

Wilhelmines Waldkekse mit Fenster

Zutaten:

- 500 g Dinkelmehl
- 1 EL getrocknete, fein gemahlene Fichtennadeln
- 250 g Butter
- 200 g brauner Zucker
- 2 Eier
- 1 Pr. Salz
- Fruchtbonbons
- Mehl zum Ausrollen

Material:

- Schüssel, Rührlöffel, etwas Frischhaltefolie, Nudelholz, Tannenbaum-Keksausstecher, kleine Stern- oder Tannenbaum-Keksausstecher, Backpapier, Backbleche, Backofen, Eieruhr, Waage

So geht's:

Alle Zutaten außer den Fruchtbonbons zu einem Mürbeteig verkneten und zu einer großen Kugel formen. Die Kugel in Frischhaltefolie wickeln und für 30 Minuten in den Kühlschrank legen.

Währenddessen werden die Fruchtbonbons in ihrem Einwickelpapier mit dem Nudelholz klein geschlagen, bis Bonbonsplitter entstehen. Die Splitter aus der Bonbonfolie nehmen und beiseitelegen.

Den Teil rollen die Kinder auf einer leicht bemehlten Unterlage in kleinen Portionen aus. Es können ca. 50 Tannenbäume ausgestochen werden. Die Kinder legen die Bäumchen auf ein mit Backpapier belegtes Blech und stechen aus den Bäumchen innen eine kleine Stern- oder Baumform aus, sodass ein Baumkeks mit Loch entsteht.

In dieses Loch die Fruchtbonbonsplitter einfüllen – es reichen ganz wenige, der Boden des Lochs sollte soeben bedeckt sein – und bei 175 °C für etwa 7–10 Minuten backen. Die Kekse sollten hell bleiben. Auf dem Backpapier abkühlen und die Bonbonmasse aushärten lassen.

TIPPS

- Nach Belieben aus grüner Lebensmittelfarbe und Puderzucker sowie Wasser einen Zuckerguss anrühren und die Bäume damit verzieren.
- Fein gemahlene Fichtennadeln gibt es fertig im Internet zu kaufen, wenn man nicht die Möglichkeit hat, sie selbst herzustellen.

Ferdinands Fichtenharzsalbe

Meine Oma verwendete diese desinfizierende Salbe bei Wunden zur Heilung und als Hustenbalsam.

Zutaten:
- 5 g Harz
- 70 ml Pflanzenöl
- 7 g Bienenwachs
- Wasser

Material:
- Herd, 3 Töpfe (oder einen Topf und 2 saubere Schraubdeckelgläser) für ein Wasserbad, kleine Tiegel/Dosen für die Salbe, Etiketten und Stift

So geht's:
Geben Sie das Harz in den kleineren Topf oder ein Glas und schmelzen Sie es im Wasserbad. Dann geben Sie das Öl hinzu und verrühren alles. Diese Mischung lassen Sie über Nacht ziehen. Am nächsten Tag erwärmen Sie die Mischung wieder im Wasserbad und seihen sie in ein anderes Glas bzw. einen Topf ab. Dieses Glas bzw. dieser Topf wird wieder in das Wasserbad gestellt und das Bienenwachs hinzugegeben. Gut verrühren. Wenn das Wachs geschmolzen ist, füllen Sie die Mischung vorsichtig in kleine Tiegel. Abkühlen lassen und beschriften.

TIPPS
- Man kann auch Kräuter wie Spitzwegerich und Thymian (frisch oder getrocknet) zum Harz in das Öl geben und mit ausziehen lassen. So kann die heilende Wirkung der Salbe noch verstärkt werden.
- Wenn man nicht die Möglichkeit hat, an Fichtenharz zu gelangen, kann man es auch im Internet kaufen.

Quentins Sahnequirl

Die Spitzen von Fichten und Tannen kann man für Haushaltsgegenstände verwenden. Wunderbar geeignet sind die Spitzen von Weihnachtsbäumen, die nach den Feiertagen an die Straße gelegt werden.

Material:

- Fichten- und Tannenbaumspitzen
- Astschere und ggf. kleine Säge
- Schnitzmesser, für Kinder geeignet, siehe S. 47
- Schleifpapier
- älteres Geschirrtuch oder Papiertücher
- Olivenöl

So geht's:

Schneiden Sie am Baum die Spitze kurz über dem zweiten Zweigenkranz mit der Astschere ab. Die Spitze entfernen Sie, sodass nur noch ein Zweigenkranz und das Stück Stamm darunter vorhanden sind. Nun kürzen Sie die Zweige auf ca. 3–5 cm. Von dem Grundgerüst des Quirls schälen die Kinder mit dem Schnitzmesser die Rinde ab. Bitte dabei die Schnitzgrundlagen im Linde-Kapitel (siehe S. 47) beachten.

Anschließend wird der Quirl mit dem Schleifpapier glatt geschliffen und mit dem Tuch mit Olivenöl eingerieben.

TIPP

In einer Schüssel mit flüssiger Sahne drehen Sie den Quirl zwischen beiden Händen. So hilft er, die Sahne steif zu schlagen. Man kann ihn natürlich auch zum Verrühren anderer Speisen verwenden.

Variante für ältere Kinder:

Eine Baumspitze für 2 Stunden in warmem Wasser einweichen. Die sternförmig angeordneten Seitenzweige unter der Spitze von der Rinde befreien, über der Spitze zusammenführen und mit einem Band verknoten. Nachdem die Zweige getrocknet sind, kann man das Band lösen und hat einen Natur-Schneebesen.

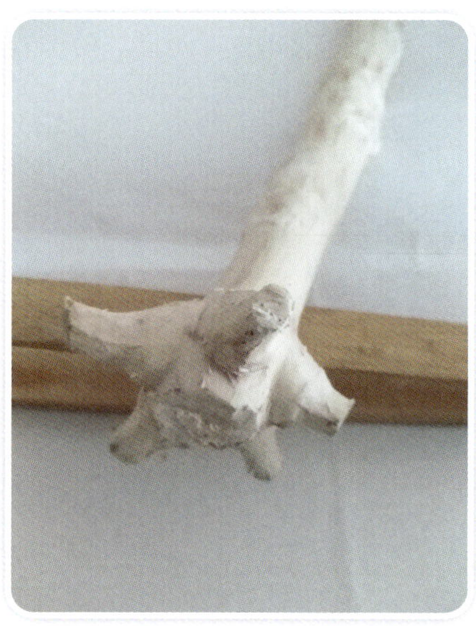

Die Kiefer

(Pinus spec.)

Familie: Kieferngewächse *(Pinaceae)*

- Es gibt von diesem immergrünen Baum mehrere Arten. Am häufigsten ist bei uns die Waldkiefer *(Pinus sylvestris)* zu finden, auch Föhre oder Weißkiefer genannt. Es gibt noch die Schwarzkiefer *(Pinus nigra)*, die eine dunklere Rinde hat, und die Zirbelkiefer *(Pinus cembra)*, die auch Zirbe oder Arve genannt wird. Letztere erkennt man daran, dass die Nadeln zu je fünf Stück in Büscheln am Zweig sind und nicht nur je zwei. Bekannt ist noch die Bergkiefer *(Pinus mugo)*, die man auch als Latschenkiefer bezeichnet und die beliebt ist für Saunazusätze und Einreibungen nach sportlichen Aktivitäten.

Die Kiefer

Daran kann man sie erkennen:

- Die Kronenform der Kiefer ist kegelförmig.
- Der grob gefurchte, braunrötliche Stamm ist frei von Ästen.
- Die Nadeln sind 6–8 cm lang und sitzen paarweise zusammen am Zweig angeordnet. Sie sind längsseitig eingedreht.
- In den breiten Zapfen sitzen viele Flügelsamen.
- Die weiblichen Blüten und später die Zapfen sitzen an den Spitzen der neuen Zweigteile.
- Die männlichen Blüten produzieren viel gelben Pollenstaub, der wie eine Schicht aus Schwefel aussieht, wenn die Pollen durch den Wind in alle Himmelsrichtungen verteilt werden.

Dann blüht sie:
Mai bis Juni

Dann reifen ihre Samen:
September bis Oktober

So alt kann sie werden:
bis 600 Jahre

So groß kann sie werden:
15 bis 45 m

Dort kann man sie finden:
Moore, Sandböden, exponierte Gebirgslagen

Das kann man von ihr verwenden:
Nadeln, junge Austriebe, Zapfen

Baum des Jahres:
Waldkiefer: 2007

Kiefernnadeln als Heilmittel

Besonderheiten:

- Die Kiefer ist eine Überlebenskünstlerin und kommt an besonderen und extremen Standorten vor. Das kann sie dank ihrer Pfahlwurzel, die bis zu 8 m tief in den Boden reichen kann.
- Das Holz der Kiefer ist ein beliebtes Bau- und Möbelholz.
- Das Harz wird für die Herstellung von Terpentinöl verwendet.
- Aus den Nadeln wird ätherisches Öl destilliert, das in der Volksmedizin als Schleimlöser verwendet wird. Die Kiefer befreit Atemwege und macht müde Füße wieder munter.
- Traditionell steht die Kiefer für Ausdauer und Bescheidenheit.
- Die Zirbelkiefer ist bekannt für ihre wohltuende und entspannende Wirkung auf den Körper. Ihr Holz wird daher gern für Betten oder Zirbenspankissen (auch Zirbenkissen genannt) verwendet. Das duftet ganz wunderbar. In Reformhäusern kann man das Zirbenkissen bekommen.
- Zirbenkerne sind als Backzutat bekannt.
- Abgesägte Kiefernstammstücke, die fast komplett kreuzförmig eingesägt und mit einem langen Docht versehen werden, nennt man Forstarbeiterkerzen. Sie brennen lange und langsam aus. Man verwendet sie gern bei Grillfesten als Beleuchtung und Wärmespender.
- Der Kienspan als Fackelbasis hat von der Kiefer ihren Namen. Ein dicker Kiefernspan wurde im Mittelalter in Harz oder Pech getränkt und bot entzündet lange ein angenehmes Licht im Rittersaal oder im Haus.

Karl Kiefer und die Feier zur Wintersonnenwende

Zusammen mit Finn Fichtenwichtel ging Karl Kieferwichtel schon mehrere Wochen in die Waldschule. Langweilig wurde es ihnen nicht. Sie lernten schnitzen, Haselnüsse zählen, Rotkehlchen füttern und auf Bäume klettern. Lesen und schreiben lernen Waldwichtel natürlich auch.

Karl bemerkte, dass es morgens, wenn er aufstand und sich auf die Schule vorbereitete, immer dunkler wurde. Auch nachmittags, wenn er aus der Schule kam, war es immer früher dunkel. Das war ihm nie so aufgefallen.

Die Klassenlehrerin Frau Holunder erzählte von einem wichtigen Waldfest, das bald stattfinden würde. Sie nannte es „Wintersonnenwende“ und erklärte, dass diese Nacht Ende Dezember die längste im ganzen Jahr ist und es dann besonders früh dunkel wird. Dafür wird es ab dieser Nacht jeden Tag ein bisschen später dunkel und die Tage werden wieder länger, bis im Juni die „Sommersonnenwende“ stattfindet. Das fand Karl spannend! Die Waldschule wollte eine Feier ausrichten und die Wichtelkinder duften überlegen, was sie beitragen wollen. Karl und Finn war sofort klar, dass sie in dieser Nacht nicht ins Bett gehen, sondern bis zum nächsten Morgen wach bleiben und mitfeiern wollten. Schließlich war es die kürzeste Nacht des Jahres.

Lina Linde und Willi Weide schlugen vor, eine Tanzaufführung zu machen. Birgit Birke wollte gern Waffeln backen. Anton Ahorn wollte einen Wichtel-Sport-Wettbewerb organisieren zusammen mit Karina Kastanie. Karl Kiefer und Finn Fichte überlegten, Laternen und Tischlichter zu basteln, damit genug Licht da war. Tina Tanne wollte einen Futtertisch für die Waldtiere vorbereiten, damit sie auch zur Feier kommen konnten. Und Amira Apfel wollte die Einladungskarten schreiben und malen. Das waren alles wunderbare Ideen, die Frau Holunder sehr gut gefielen.

Von diesem Tage an durften die Wichtelkinder jeden Tag eine Unterrichtsstunde an ihrem Festprojekt arbeiten und basteln. Karl Kiefer und Finn Fichte sammelten Kiefernspäne für die Laternen. Dann schnitzten sie eifrig aus Zweigen und Zapfen, die sie auf dem Weg zur Schule fanden, viele Fackeln. Das Fest rückte immer näher und die Kinder bastelten immer emsiger auch nach der Schule. Sie bekamen zum Glück jetzt keine Hausaufgaben auf. Dann war es endlich so weit. Karl konnte in der Nacht davor kaum schlafen! Ob alles klappen würde, was sie sich vorgenommen hatten?

Glücklicherweise war an diesem Tag schulfrei und Karl konnte mit seinen Eltern erst mal gemütlich frühstücken, bevor die ganze Familie zum Waldfestplatz ging, um die letzten Dinge für das Fest vorzubereiten. Langsam wurde es dunkel. Finn und Karl liefen los und entzündeten die Fackeln, die sie geschnitzt hatten. Der ganze Festplatz war erleuchtet. Das war auch gut so, denn nun konnten sich alle die Tanzaufführung anschauen. Die Musik kam von den Vögeln, die sich anschließend sehr über den Futtertisch mit vielen Samen und Früchten freuten. Für die Wichtel gab es Eichelwaffeln mit Honig, Wichtelpunsch aus Birkenwasser und Heidelbeeren, Lindenplätzchen und Pinienkernkekse. Pia Pappel hatte sich mit Amira Apfel eine besondere Aktion überlegt: Sie hatten Stockäpfel und Stockbrot für alle Wichtelkinder am großen Lagerfeuer vorbereitet. Da war die Begeisterung groß!

Das Fest ging immer weiter und Finn und Karl waren zunächst guter Dinge, doch noch bis zum nächsten Morgen durchzuhal-

ten und wachzubleiben. Aber irgendwann wurden sie so müde, dass sie ihre Augen nicht mehr aufhalten konnten. Karl Kiefer schlief schließlich in Mama Kiefers Arm ein und Finn direkt auf Papa Fichtes Schoß. Ihre Eltern trugen sie nach Hause ins Bett, wo sie am nächsten Morgen erwachten. Noch vor dem Frühstück lief Karl zu Finn und fragte, ob er es geschafft habe, wach zu bleiben. Beide nahmen sich fest vor, im nächsten Jahr zur Wintersonnenwende kein Auge zuzumachen!

Die Kiefer im Frühling

Zaras Zapfenzielwerfen

Ein kleines Geschicklichkeitsspiel, das die Hand-Auge-Koordination und die Motorik fördert.

Material:
- für jedes Kind: 3 Kiefernzapfen
- Eimer
- Seil oder Kreide zur Markierung

So geht's:
Jedes Kind bekommt drei Zapfen. Die Kinder stellen sich nacheinander hinter einer Linie (aus dem Seil gelegt oder mit Kreide auf den Boden gemalt) auf. Der Eimer wird in einem altersentsprechenden Abstand aufgestellt. Ziel ist es nun, möglichst viele Zapfen in den Eimer zu werfen. Es können auch mehrere Eimer oder Schüsseln als Auffangbehälter aufgestellt werden.

Variante:
Der Eimer kann auch an einen Baum gebunden und so ein verändertes Wurfverhalten erzielt werden.

Karls kleine Kieferkinder

Material:
- Kiefernzapfen
- Blumentöpfe
- Sand mit Blumenerde vermischt

So geht's:
Aus den Schuppen der Kiefernzapfen ziehen die Kinder vorsichtig die geflügelten Samen heraus und säen sie in die Blumentöpfe aus. Da die Kiefern Lichtkeimer sind, sollten sie nur sehr dünn mit Erde bedeckt werden. Schön feucht halten und in die Sonne stellen.

Nadines Kiefernnascherei

Die jungen Triebe der Kiefer können von Mai bis Juni gesammelt werden und sind eine spannende gustatorische Erfahrung für Kinder.

Zutat:
- junge Kieferntriebe

Material:
- Schere oder Messer

So geht's:
Von den jungen Triebspitzen zupfen die Kinder die Nadeln ab. Notfalls helfen Sie mit der Schere oder dem Messer nach. Es sollte nur noch der grüne Spross übrig bleiben. Diesen schneiden Sie in kleine Stücke und geben ihn den Kindern zum Probieren. Er schmeckt frisch nach Zitrone und nach Wald.

Heidis Hygrometer

Der Kiefernzapfen ist ein guter Wetteranzeiger. Um seine Samen vor Feuchtigkeit zu schützen, schließt er sich bei feuchtem Wetter. Bei trockenem Wetter öffnen sich die Zapfen, damit die Samen vom Wind fortgetragen werden können. Das kann man sich für ein Hygrometer zunutze machen.

Material:
- Kiefernzapfen
- Schaschlikspieß
- flüssiger Klebstoff
- Holzbrett als Unterlage
- Knete
- Stift
- starke Pappe als Hintergrund und Wetteranzeige

So geht's:
Mittig an eine Zapfenschuppe klebt man den Spieß, sodass er lang herausragt. Mit Knete wird der Zapfen auf der Holzunterlage befestigt – am besten draußen an regengeschützter Stelle (z. B. unter dem Vordach) auf Kinderaugenhöhe. Ist es trocken, ist der Zapfen geöffnet und der Spieß zeigt weit nach außen. Die Pappe wird nun hinter den Zapfen gestellt und mit Klebstoff am Holzbrett befestigt. Die Stelle des Spießes, die bei trockenem Wetter angezeigt wird, wird mit einem Sonnensymbol markiert. Wird es draußen feucht, geht der Zapfen zu und der Spieß zeigt steiler nach oben. Auch diese Position des Spießes wird auf der Pappe mit einem Regensymbol markiert. Fertig ist der Wetteranzeiger. Im Laufe eines Tages kann man bei Wetterveränderungen mit einer Feuchtigkeitsänderung der Luft beobachten, wie der Spieß seine Position verändert.

Der Zapfen öffnet und schließt sich, weil die Zapfenschuppenunterseite mehr Feuchtigkeit aufnimmt und dadurch leicht dicker und größer wird als die Innenseite der Schuppe, wo der Samen liegt.

Die Kiefer im Sommer

Kiras Kiefernnadeltee

Zutaten:
- Kiefernnadeln
- Wasser
- ggf. Honig

Material:
- Schere, Wasserkocher, Tasse, Teelöffel, Teesieb

So geht's:
Für den Tee übergießen Sie einen Teelöffel klein geschnittene Kiefernnadeln mit kochendem Wasser und lassen ihn 5 Minuten ziehen. Mit etwas Honig süßen und genießen.

Peppers Waldpeelingseife

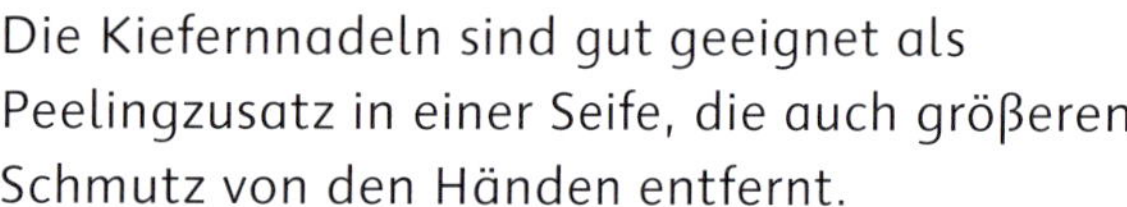

Die Kiefernnadeln sind gut geeignet als Peelingzusatz in einer Seife, die auch größeren Schmutz von den Händen entfernt.

Zutat:
- Kiefernnadeln

Material:
- Reibe, Schere, feste Pflanzenseife, etwas Wasser

So geht's:
Die Kinder reiben die Seife. Schneiden Sie die Kiefernnadeln mit der Schere in kleine Stücke und vermischen Sie sie mit den Seifenflocken. Mit feuchten Händen wird nun eine Handvoll Seifenflockenmischung zu einer Kugel geknetet. Ggf. etwas Wasser zum Befeuchten hinzunehmen. Solange Seifenflocken nachnehmen, bis die gewünschte Größe der neuen Seife erreicht ist. Diese muss 2 Tage trocknen. Fertig ist die Peelingseife mit Waldduft!

Die Kiefer im Herbst

Neles nette Nadelspinnen

Material:
- Kiefernnadeln
- Wollfaden
- Wackelaugen
- flüssiger Klebstoff

So geht's:
Die Kinder trennen die Kiefernnadeln voneinander und legen jeweils vier sternförmig übereinander. Mit dem Wollfaden werden die Nadeln vorsichtig umwickelt, sodass die Nadeln nicht mehr verrutschen. Dabei wird der Faden durch alle Nadelzwischenräume gewickelt, damit die Nadeln Abstand zueinander bekommen. Der Wollfaden wird verknotet oder festgeklebt. Die Kinder kleben Wackelaugen – Spinnen können übrigens auch acht Augen haben – auf die Wollmitte. An einem Faden aufgehängt, sind die Spinnen eine schöne Deko für Gruselfreundinnen und -freunde zu Halloween.

Samuels Salzteigsterne

Material:
- Kiefernnadeln
- 2 kleine Kaffeetassen Mehl
- 1 kleine Kaffeetasse Salz
- 1 kleine Kaffeetasse Wasser
- Bindfäden
- Rührschüssel und -löffel
- Zahnstocher oder Schaschlikspieß

So geht's:
Aus dem Mehl, dem Salz und dem Wasser wird in der Schüssel ein geschmeidiger Salzteig geknetet. Die Kinder rollen aus dem Teig kleine Kugeln (ca. haselnussgroß) und drücken diese flach zu einem Kreis. Aber Vorsicht, nicht zu dünn! In den Rand der Kreise stecken die Kinder nun die Kiefernnadeln, sodass ein Kreis mit Nadelkranz entsteht, ein Stern oder eine Sonne. Mit dem Zahnstocher wird ein Loch für die spätere Aufhängmöglichkeit gestochen. Die Werke ca. 2–3 Tage trocknen lassen.

Karlos Kraftprotz

Die Sprengkraft der Kiefernzapfen kann man erleben, wenn man feuchte Zapfen eingipst.

Material:

- Kiefernzapfen
- Schüssel
- Wasser
- Gips
- alte Schüssel
- alter Löffel
- Zeitungspapier oder Pappe als Unterlage

So geht's:

Die Kinder legen die Zapfen für eine Stunde in die Schüssel mit Wasser, damit sie sich schließen. Rühren Sie in der alten Schüssel den Gips nach Anweisung mit Wasser an. Die Zapfen kurz abtropfen lassen und mit dem Löffel in die Gipsmasse tauchen. Wenn diese mit dem Gips ummantelt sind, werden sie auf die Zeitung gelegt. Der Gips wird hart. Je trockener der Zapfen wird (auf einer Heizung geht es schneller), umso mehr versucht der Zapfen, sich zu öffnen, bis er schließlich die Gipshülle knackt! Das kann schon am ersten Tag geschehen.

Die Kiefer im Winter

Pepes Pinienkernknackerei

Die Samen der Kiefer sind winzig und es ist mühsam, sie zu ernten. In der Weihnachtszeit findet man in Supermärkten Zapfen der kiefernverwandten Pinie *(Pinus pinea)* in der Obst-/Gemüse-Nuss-Abteilung. Diese sind geschlossen, sehr groß und enthalten schmackhafte Kerne, die man aber auch erst knacken muss!

Zutaten:

- Pinienzapfen

Material:

- Backblech, Backofen/Herd, Nussknacker, Pfanne, Ofenhandschuhe, Rührlöffel

So geht's:

Die Pinienzapfen öffnen sich nach wenigen Tagen oder Wochen von selbst, wenn man sie trocken und warm lagert – auf einer Heizung beispielsweise. Wer nicht warten will und die Kerne essen möchte, bevor sie verderben, stellt den Ofen auf 70 °C und schiebt den Pinienkernzapfen hinein.

Wenn der Zapfen sich öffnet, kann man ein Knacken hören und zuschauen, wie die Schuppen sich langsam aufklappen. Sind in den weit geöffneten Schuppen schwarze, längliche Kerne zu erkennen, nehmen Sie den Zapfen aus dem Ofen und lassen ihn abkühlen. Dann können Sie die Samen aus dem Zapfen herausholen.

Die essbaren Kerne sind jedoch noch von einer dicken, harten Schale umschlossen. Entweder versuchen Sie, die Kerne mit einem Nussknacker aus der Schale herauszubekommen oder Sie rösten die Samen noch einmal in einer Pfanne. Dafür stellen Sie eine Pfanne ohne Fett auf den Herd, geben die Samen hinein und rühren Sie vorsichtig, während die Samen geröstet werden. Wenn die Samen sich goldgelb verfärben, lassen sich die Schalen ganz einfach lösen. Vorsicht, die Samen und die innen liegenden Kerne sind sehr heiß! Vor dem Essen diese erst abkühlen lassen!

TIPP

Wenn es zu mühsam ist, genug Pinienkerne für alle Kinder zu knacken, können Sie zusätzlich bereits geschälte Pinienkerne besorgen und an die Kinder verteilen.

Violas Vogelfutterzapfen

Zutaten:

- trockene Kiefernzapfen
- Früchtemüsli, ungezuckert
- Saaten, wie Sesam, Kürbis- oder Sonnenblumenkerne, Leinsamen etc.
- Kokosfett

Material:

- Bindfäden, Topf, Rührlöffel, Esslöffel, alte Zeitungen als Unterlage, Herd, Schere

So geht's:

An die Spitze der Kiefernzapfen knoten Sie einen Bindfaden, mit dem der Zapfen später aufgehängt werden kann. Im Topf lassen Sie bei mittlerer Hitze auf dem Herd das Kokosfett weich werden. Es muss nicht ganz geschmolzen sein. Den Topf vom Herd nehmen und so viel Müsli und Saaten hinzugeben, dass eine dicke, breiartige Konsistenz entsteht. Mit den Esslöffeln füllen die Kinder diese Masse in die Zwischenräume der Kiefernschuppen und drücken sie etwas fest. Die Masse aushärten lassen und die Zapfen anschließend für die Tiere in die Bäume oder Sträucher hängen.

Annemaries Adventskranz

Material:
- Strohkranz
- Kiefernzweige
- Gartenschere
- Blumendraht
- 4 Kerzenhalter und 4 Kerzen
- Dekoration, z. B. Nüsse, Strohsterne, getrocknete Orangenscheiben

So geht's:
Mit der Gartenschere schneiden Sie die Kiefernzweige in handgroße Stücke. Dabei achten Sie darauf, dass jedes Stück eine Kiefernspitze hat. Den Draht befestigen Sie an einer Stelle des Strohkranzes. Nun legen Sie auf dieser Höhe drei Zweige auf den Strohkranz, sodass an dieser Stelle das Stroh nicht mehr zu sehen ist. Wickeln Sie den Draht um die Zweige und den Kranz, um die Zweige zu befestigen. Nun können die Kinder die nächsten Zweige so auf dem Kranz platzieren, dass die Spitzen der neuen Zweige die unteren Enden der ersten Zweige überdecken. Wieder den Draht zum Befestigen der Zweige um die Zweige und den Kranz wickeln. So fahren Sie fort, bis der ganze Kranz von Kiefernzweigen umgeben ist und kein Stroh mehr zu sehen ist. Die Kinder können noch kleinere Zweige an der ein oder anderen Stelle unter den Draht schieben, um ein harmonisches Aussehen und eine Gleichmäßigkeit der Kiefernschicht zu bekommen. Nun werden noch die Kerzenhalter und die Dekoration angebracht – fertig.

Tipp
Man kann auch Kiefern-, Fichten- und Tannenzweige mischen, um unterschiedliche Strukturen auf dem Kranz zu kombinieren.

Pomelos Pompontannenbäumchen

Dies ist eine einfache, aber schöne Winterdekoration mit geringem Materialaufwand.

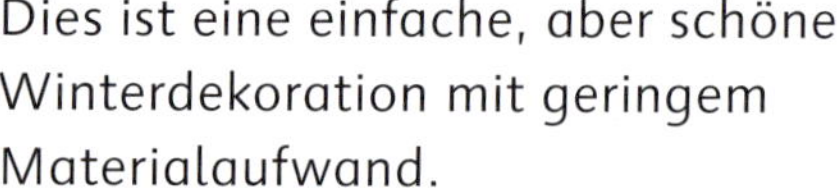

Material:
- Kiefernzapfen
- kleine, bunte Pompons
- flüssiger Klebstoff
- Bänder
- Schere

So geht's:
An die Spitze des Kiefernzapfens knoten Sie ein Band für die Aufhängung. Dann kleben Sie die Pompons zwischen die Zapfenschuppen, sodass es aussieht, als sei der Zapfen ein Weihnachtsbaum und die Pompons die Kugeln.

Tipp
Wer möchte, kann dem Bäumchen noch mehr Glanz verleihen, indem noch etwas Glitzerpulver verwendet wird.

Welanders Weihnachtsbaumkugeln

Material:

- breite, transparente, leere Puddingbecher
- Pappe
- flüssiger Klebstoff
- Stift
- Watte
- Kiefernzapfen
- Gartenschere
- weiße und grüne Fingermalfarbe und Pinsel
- Kokosflocken und Glitzerpulver
- Bindfaden
- 3 kleine, weiße Kugeln (Schneemann-Miniatur)
- Band

So geht's:

Reinigen und trocknen Sie die Becher sehr gut. Mit der Öffnung nach unten werden sie auf die Pappe gelegt und mit dem Stift der Umriss markiert. Diesen Kreis schneiden die Kinder aus und malen ihn an. Dies wird der Boden. Darauf kleben die Kinder eine Winterlandschaft: Dafür den oberen Teil der Kiefernzapfen mit der Gartenschere abschneiden und grün oder weiß anmalen. Solange die Farbe noch feucht ist, den so entstandenen Baum mit Kokosflocken oder Glitzerpulver dekorieren und ihn mittig auf den Kreis kleben. Drumherum Schnee aus Kokosflocken ankleben. Vielleicht einen kleinen Schneemann aus drei weißen Perlen basteln und danebenkleben. Ist die Landschaft fertig, ein Loch in den Puddingbecherboden stechen und ein Band zum Aufhängen anbringen. Dabei muss das Band unten am Becherboden nach außen herausschauen. Nun den Becher als „Glocke" über die Landschaft stülpen und festkleben.

Eddis Eisstiel-Tannenbäume

Material:

- Eisstiele
- grüne Fingermalfarbe
- Pinsel
- Klebstoff
- bunte Bänder
- Dekomaterialien, z. B. Naturmaterialien, kleine Pompons, Glitzerpulver, Perlen

So geht's:

Die Kinder malen die Eisstiele grün an. Dann werden sie zu einem Dreieck gelegt und zusammengeklebt. Ist der Klebstoff trocken, werden die so entstandenen Tannenbäume mit bunten Bändern umwickelt und mit Dekorationsmaterialien verziert. An der Spitze knoten Sie ein Band fest. Das Bäumchen kann ins Fenster oder an den Tannenbaum gehängt werden.

Karins Kiefernnadelkarten

Material:

- farbiger Tonkarton
- Kiefernnadeln
- Kokosflocken oder weißes Glitzerpulver
- flüssiger Klebstoff
- Schere

So geht's:

Aus dem Tonkarton schneiden die Kinder postkartengroße Rechtecke aus. Für einen Baum werden die Kiefernnadeln in unterschiedliche Längen geschnitten und auf die Karte gelegt: Im unteren Kartenbereich mit der längsten Nadel beginnen und mit etwas Abstand immer kürzer werdende Nadeln mittig waagerecht darüberkleben, bis eine dreieckige Baumstruktur entstanden ist. Unten werden als Stamm ein paar sehr kurze Nadeln senkrecht angeklebt.

Für einen Stern werden die Nadeln gekürzt, zu einem Stern zusammengelegt und aufgeklebt. Dafür kann man je drei Nadeln zu zwei Dreiecken legen und diese gegensätzlich übereinanderlegen (= Stern mit sechs Spitzen) oder man legt aus den Nadeln einen Stern mit fünf Spitzen oder die Nadeln kreisförmig um einen Punkt in der Mitte der Karte. In diesem Fall ist es schön, unterschiedlich lange Nadeln zu verwenden. Für Schnee auf den Postkarten sorgen die Kokosflocken, die zusätzlich aufgeklebt werden können.

Noras norddeutscher Friesenbaum

Material:

- 4 lange Äste
- Säge oder Gartenschere
- Bänder oder Draht
- Blumentopf
- Gips
- Wasser
- alte Schüssel und Rührlöffel
- Kiefernzapfen
- winterliche Dekoration

So geht's:

Die vier Äste zu einer groben Baumstruktur (Nadelbaum, dreieckig) legen und mit den Bändern oder dem Draht fixieren. Gegebenenfalls schneiden Sie die Äste entsprechend zu oder sägen sie ab. Dabei lassen Sie den senkrechten Ast unten so lang, dass ein Baumstamm entsteht. Der Gips wird nach Anweisung angerührt und in den Blumentopf gegossen. Stecken Sie den Baum hinein, sodass er gerade steht. Lassen Sie den Gips aushärten. Dann hängen die Kinder die Kiefernzapfen und die Dekoration an die Enden der drei Äste. Traditionell steht der Friesenbaum im Fenster.

Wer keine Stellfläche hat, kann den Friesenbaum auch in das Fenster hängen, indem an der Baumspitze ein Band befestigt wird. Blumentopf und Gips entfallen dann.

ANHANG

LITERATUR

Fischer, D.: Flechten, Färben, Schnitzen: Werken und Bushcraft mit Pflanzen aus Wald und Wiese. AT-Verlag: Aarau 2017, 2. Auflage, ISBN: 978-3-03800-955-9

Fischer-Nagel, A.; Fischer-Nagel, H.: Das Apfeljahr. Verlag Fischer-Nagel: Spangenberg-Metzebach 2017, 4. Auflage, ISBN: 978-3-930038-04-6

Fischer-Nagel, A.; Fischer-Nagel, H.: Die Kastanie. Verlag Fischer-Nagel: Spangenberg-Metzebach 2019, 2. Auflage, ISBN: 978-3-930038-32-9

Frommherz, A.; Biedermann, E.: Kinderwerkstatt Bäume: Mit Kindern die Zauberwelt der Bäume und Sträucher entdecken. AT Verlag: Aarau 2003, 3. Auflage, ISBN: 978-3-85502-777-4

Geißelbrecht-Taferner, L.: Die Baum-Detektive: Ahorn und Zitterpappel auf der Spur in Wald, Park, Schulhof & Kita-Garten. Ökotopia-Verlag, Münster 2014, ISBN: 978-3-86702-291-0

Geitmann, B.: Waldwerkeln und Waldgeschichten: Basteleien, Texte, Lieder und Spiele. Verlag an der Ruhr: Mülheim a.d.R. 2007, ISBN: 978-3-8346-0320-3

Germann, P.; Germann, G. et al.: Skripte der Fachausbildungen „Kräuterfachfrau" 2017, „Dipl. Kräuterfachfrau" 2018 und „Heilpflanzenpädagogin" 2019 an der PhytAro-Heilpflanzenschule Dortmund

Grahofer, E.: Wildnisapotheke: Hausmittel aus 400 Jahren. freya Verlag: Linz 2018, 2. Auflage, ISBN: 978-3-99025-332-8

Greiner, K.: Bäume – in Küche und Heilkunde: 80 Rezepturen für Wohlbefinden und Hausapotheke. 180 Rezepte von herzhaft bis süss, AT-Verlag: Aarau 2017, ISBN: 978-3-03800-910-8

Gruber-Stadler, M.: Heimische Bäume bestimmen in allen vier Jahreszeiten. freya Verlag: Linz, 2019, 3. Auflage, ISBN: 978-3-99025-329-8

Hanck, N.: Mit allen Sinnen durch die Natur: Achtsamkeit und Konzentration im Vorschulbereich fördern. Ökotopia Verlag; ein Imprint von Bergmoser + Höller Verlag AG: Aachen 2018, 1. Auflage, ISBN: 978-3-86702-430-3

Igelbrink, B.: Löwenzahn und Hagebutte – Durch das Jahr mit 12 Wildpflanzen: Aktionen, Geschichten und Rezepte für Kinder von 4 bis 10. Verlag an der Ruhr: Mülheim a.d.R. 2021, ISBN: 978-3-8346-4520-3

Lacis, E.: Die besten Waldspiele für Kita-Kinder!: Zertifiziert und herausgegeben vom Landesverband der Waldkindergärten (Karten). Verlag an der Ruhr: Mülheim a.d.R. 2011, ISBN: 978-3-8346-0820-8

Monson, D.; Pfrombeck, M.: Kräuterkundig: mit Kindern durch das Gartenjahr. Arun Verlag: Uhlstädt-Kirchhasel 2012, ISBN: 978-3-86663-069-7

Nentwig, C.: Wildpflanzen – Genuss pur! Sammeln, Kochen und Dekorieren mit der heimischen Natur. BLOOMs Verlag: Ratingen 2012, 4. Auflage, ISBN: 978-3-96563-063-5

Nentwig, C.: Meine neuen Wildpflanzen-Rezepte: Mit vielen Deko-Ideen. Verlag Eugen Ulmer: Stuttgart 2014, ISBN: 978-3-8001-8090-5

Neumann, A.; Neumann, B.: Waldfühlungen: Das ganze Jahr lang den Wald erleben. Naturführungen, Aktivitäten und Geschichtenfibel. Mit Spielen, Übungen und Rezepten. Ökotopia-Verlag: Münster 2009, ISBN: 978-3-931902-42-1

Saudhof, K., Wagner B.: Mit Kindern in den Wald: Wald-Erlebnis-Handbuch. Planung, Organisation und Gestaltung. Ökotopia-Verlag: Münster 2009, ISBN: 978-3931902-25-4

Simeoni, S.: Wildes Naturhandwerk: Werken, Pflanzenwissen und Wildkräuterküche mit Kindern im Jahreskreis. AT Verlag: Aarau 2017, ISBN: 978-3-03800-959-7

Storl, W. D.: Unsere fünf heiligen Bäume – Wegweiser zum eigenen Selbst: Baum-Meditationen. Knaur Verlag: München, 2020, ISBN: 978-3-426-65872-7

Storl, W. D.: Wir sind Geschöpfe des Waldes: Warum wir untrennbar mit den Bäumen verbunden sind. GRÄFE UND UNZER Verlag GmbH: München 2019, 5. Auflage, ISBN: 978-3-8338-6669-2

Strauß, Dr. M.: Die Wald-Apotheke, Bäume, Sträucher und Wildkräuter, die nähren und heilen, Knaur MensSana: München 2017, 2. Auflage, ISBN: 978-3-4266-5804-8

Tscharner, G.; Raichle-Mayer, U.: Wald und Wiese auf dem Teller: Neue Rezepte aus der wilden Weiberküche. AT Verlag: Aarau 2009, 3. Auflage, ISBN: 978-3-03800-404-2

Van Saan, A.; Beyer, V.: Mein erstes Herbarium – Bäume bestimmen und Blätter pressen. Arena Verlag: Würzburg 2008, ISBN: 978-3-401-45256-2

Baum- und Kräuterprodukte, Tees, Rohstoffe zur Salben- und Kosmetikherstellung

Alchemilla-Seppenrade Onlineshop

Amönauer Kräuterfrau
Workshops – Führungen – Kräuterladen

artemisia – Allgäuer Kräutergarten

Dragonspice Naturwaren

Kräuterparadies Lindig – Wurzelsepp

Kräuterpark Altenau

Kräuter- & Reformhaus Klocke

Heilpflanzengarten am Ruhrtalradweg
Workshops, Gartenführungen, Pflanzenverkauf, Events rund um Heilpflanzen, Kräuterwanderungen mit Susi Bexten

Salzling – Hochwertige Salze und Gewürze

Baum- und Kräuterwissen, Naturpädagogik

Amönauer Kräuterfrau
Workshops – Führungen – Kräuterladen

artemisia – Allgäuer Kräutergarten

BNE-Regionalzentrum Schule Natur – Grugapark Essen

Kräuter-Sinn – Kräuterwanderungen, Events & Seminare in NRW mit Celia Nentwig Staatlich zertifizierte Kräuterpädagogin®

Heilpflanzengarten am Ruhrtalradweg
Workshops, Gartenführungen, Pflanzenverkauf, Events rund um Heilpflanzen, Kräuterwanderungen PhytAro mit dipl. Kräuterfachfrau Susi Bexten

Die KräuterStube – Kräuterworkshops & Wanderungen mit Kerstin Schmäh in Wesel und Umgebung

Kräuter Kennenlernen – Kräuterwanderungen und Workshops mit Annette Luhmann in Hannover und Umgebung

Kleine Farm Rickelrath – Kräuterwissen, Färben, Wollverarbeitung, Selbstversorgung in Niedersachsen

PhytAro – Heilpflanzenschule Dortmund

Station Natur und Umwelt und Förderverein der Station Natur und Umwelt e. V. in Wuppertal

Wildnis- und Kräuterpädagoge, Pilzcoach in der Eifel Elmar Pützer

SAMMELKALENDER + BLATTAUSTRIEB

✿ Blüte ● Frucht

Baum	Jan.	Feb.	Mrz.	Apr.	Mai	Juni	Juli	Aug.	Sep.	Okt.	Nov.	Dez.
Apfel *Malus domestica*				✿	✿			●	●	●		
Birke *Betula pendula/alba*				✿	✿			●	●			
Eiche *Quercus spec.*				✿	✿				●	●		
Fichte *Picea spec.*				½ ✿	✿	✿			●	●		
Kastanie *Aesculus hippocastanum*				✿	✿			●	●			
Kiefer *Pinus spec.*				✿	✿				●	●		
Linde *Tilia spec.*						✿	✿		●			
Weide *Salix spec.*			✿	✿	✿ ●	●						

Blattaustrieb

Zum Öffnen der Knospen und Wachsen der Blätter braucht ein Baum Wasser und Nährstoffe. Um diese zu den Knospen zu transportieren, nutzt der Baum bestimmte Zellen in seinem Stamm und der Wurzel. Je nachdem, wie diese Zellen im Holz des Stammes angeordnet sind, geht das unterschiedlich schnell. Daher trieben die Bäume im Frühling unterschiedlich aus.

Die Eiche, Ulme, Esche und Esskastanie nutzen für den Wassertransport nur den äußersten und jüngsten Jahresring ihres Stammes (ringporige Holzstruktur). Dieser muss aber im Frühjahr erst noch gebildet werden. Deshalb treiben diese Bäume erst später ihre Blätter aus.

Bäume wie Ahorn, Birke, Linde, Pappel, Birne, Hainbuche, Kastanie, Rotbuche oder Weide nehmen für ihren Wassertransport das Holz des gesamten Jahresrings (zerstreutporige Holzstruktur) und bekommen daher viel früher ihre Blätter.

Natürlich kommt es auch auf die Lage des Baums in der Landschaft an: Je höher man in die Berge kommt, desto später kommen die Blätter aus den Knospen, da es den Berg hinauf immer kälter wird.

Aber auch die genetische Veranlagung spielt bei Bäumen eine Rolle und ist wichtig für ihre Anpassungsmöglichkeiten an die Klimaveränderungen. Laubverfärbung im Herbst und Blattaustrieb sind bei den Bäumen unterschiedlich.

Die 10 Bildungsbereiche:

1 Bewegung (Fein- und Grobmotorik)
2 Körper, Gesundheit und Ernährung
3 Sprache und Kommunikation
4 Soziale, kulturelle und interkulturelle Bildung
5 Musisch-ästhetische Bildung
6 Religion und Ethik
7 Mathematische Bildung
8 Naturwissenschaftlich-technische Bildung
9 Ökologische Bildung
10 Medien

Name Astscheibenbasteleien	Komplexität	Rezept	Spiel	Bastelaktion	Natur-erfahrung	Geschichte	Bildungs-bereich
Knöpfe	★★			X			1, 5
Drehknopfspiel	★★		X	X			1, 8
Astscheibengesichter	★			X			1, 3, 5
Stempel	★			X			1, 5
Insektenlandeplatz	★			X			1, 8, 9
Medaille, Schlüsselanhänger oder Glücksbringer	★★			X			1, 5
Fingerringe	★★★			X			1, 5

Name Birke	Komplexität	Rezept	Spiel	Bastelaktion	Natur-erfahrung	Geschichte	Bildungs-bereich
Vogel- oder Osternester binden	★★			X			1, 5, 9
Frühlingserwachen – ein auditives Sinneserlebnis	★★				X		1, 3, 7
Bibbis Birkensaftlimo	★★★	X			X		1 ,2, 4, 8, 9
Beas Birkenknospen-Brotaufstrich	★	X					1, 2
Robins Räubersalz	★	X					1, 2
Sabines Birkenblätterseife für Wäsche und Hände	★	X			X		1, 4, 8, 9
Bellas Birkenblätterfarbe	★★★			X			4, 5, 8
Sandras Samenbomben	★			X			1, 9
Petras Birkenpfeife	★★★		X		X		1, 3
Bettys Baummeditation			X		X		3, 4, 9
Helgas Hexenbesen	★★			X			1, 4, 5
Bettis bunte Birkenzucker-Kräuterbonbons	★★	X					2, 7
Natalies Naturzahnpasta	★	X			X		2, 4, 9
Bertrams Blätterfilzen	★★			X			1,5
Linas Lichterfest-Laternen				X			1, 4, 5
Birgits Birkenrindenpapier-Windlicht und Weihnachtsbaumschmuck	★★			X	X		1, 4, 5
Kristians Naturkleiderbügel	★			X			1, 5, 8
Bernhards Birkenstamm-Weihnachtsmann				X			1, 4, 5, 6

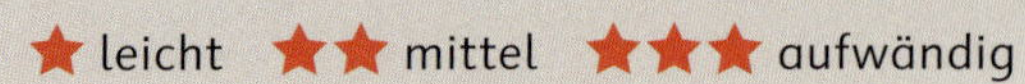
★ leicht ★★ mittel ★★★ aufwändig

Name **Weide**	Komplexität	Rezept	Spiel	Bastelaktion	Naturerfahrung	Geschichte	Bildungsbereich
Wie die Weide zu ihren Kätzchen kam	★					X	3, 4, 5, 6, 9, 10
Pauls Puschel-Pinsel zum Malen oder Streicheln	★			X			1, 5, 8, 9
Wendys weiche Ostereier	★–★★			X			1, 5, 8, 9
Waltrauts Weidenkätzchenschmuck	★★			X			1, 5
Wilmas Weidenknospen-Zwiebackklößchen	★★	X					1, 2, 7
Annes Astgabelosterhase	★★			X			1, 4, 5, 6
Wandelbare Weidenringe	★–★★		X	X	X		1, 5, 6, 8, 9
Rikes Rindenarmbänder	★			X			1, 4, 5, 8
Berenikes Blattbilder	★–★★			X			1, 5
Baumgeister und andere Fabelwesen	★			X	X		1, 5, 8, 9
Ramonas Recycling-Baumtasche	★★			X			1, 5
Hanjos Herbsthäuschen	★★			X	X		1, 4, 5, 8
Tildas Tipi und Weidengeheimgänge	★★★(★)			X	X		1, 4, 5, 8, 9
Zetnars Zaunkönignest	★★★			X	X		1, 5, 7, 8, 9

Name **Linde**	Komplexität	Rezept	Spiel	Bastelaktion	Naturerfahrung	Geschichte	Bildungsbereich
Leos Lindenblätterbütterken	★	X					2, 4
Lisas Lindenknospen-Pfannenbrot	★★	X					2, 4
Öngüls Ökoschleimi mit Knall	★		X				1, 8
Saskias Sommersonnenwend-Lindenlimo	★★	X					2, 4, 7
Lennards Lindenblütentee/-honig	★	X					2, 9
Emilias Erfrischungslindenblätter	★				X		2, 8
Laurettas Lindenblüten-Badebomben oder Schleckbrause	★★★	X		X			1, 2, 7, 8
Wendelins Windspiel	★★			X			1, 5, 8
Helges Herbstblätterfangen	★		X				1, 9
Florian Flugforscher	★★		X	X			1, 7, 8, 9
Baumgeflüster – eine Klanggeschichte	★★		X		X	X	1, 3, 4, 5, 9
Bens Blätterlaternen	★★			X			1, 4, 5
Renes Räuberzahnbürste	★			X			1, 4, 5, 8
Sergejs Schnitzwerkstatt	★★★			X			1, 4, 5, 8
Stans Schnitzwichtel und Zauberstab	★★			X			1, 4, 5, 8

Name **Apfel**	Komplexität	Rezept	Spiel	Bastelaktion	Natur-erfahrung	Geschichte	Bildungs-bereich
Antons Apfelpfannkuchen vom Blech	★★	X					1, 2, 7
Aikos Apfelblütendeo	★			X	X		2, 9
Annettchens Apfel-Limonade	★	X					1, 2, 7
Silvios Stockäpfel	★★★	X			X		2, 4, 8
Annas Apfelstempel	★★			X	X		1, 5, 9
Allerlei Apfelspiele	★		X				1, 2, 4
Arndts Apfeltest	★★	X	X		X		2
Ankes Apfeltrockner	★★			X			1, 8
Richards runde Apfelringe	★	X			X		2, 4
Volkers Vogelfutter-Weihnachtsbaumkugeln	★★			X	X		1, 6, 9
Bernds besondere Bratapfelcookies	★★	X					1, 2, 7
Barbaras Barbarazweige	★–★★		X		X		4, 9

Name **Kastanie**	Komplexität	Rezept	Spiel	Bastelaktion	Natur-erfahrung	Geschichte	Bildungs-bereich
Belles Blütenfarbwechselbeobachtung	★				X		3, 8, 9
Karls Kastanienknospenbeobachtung	★				X		3,8, 9
Konrads Kastanienknospencreme	★★★	X					1, 2, 8, 9
Yannis Yogaübung „Baum“	★		X				1, 2, 4
Reginas Regentropfenblätterkonzert	★		X		X		3, 5
Klaras Klack-Blatt	★		X		X		1, 8
Florians Kastanienblatt-Federball	★		X				1, 5, 8
Ingos Kastanien-Igel	★★			X			1, 5, 8
Karins Kastanien-Sinnesfußbad	★				X		1, 2
Konstantins Kastanienlauf	★		X				1, 4
Kayas Kastanienkleber	★★			X	X		1, 5, 8
Sonjas Kastanienseife	★	X			X		1, 2, 4
Kristins Kastanienkeimung	★				X		3, 8, 9

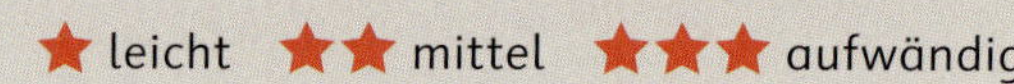

Name Eiche	Komplexität	Rezept	Spiel	Bastelaktion	Natur-erfahrung	Geschichte	Bildungs-bereich
Wie die Eichel zu ihrem Hütchen kam	★				X	X	3, 9, 10
Finjas Frühlingsgedächtnisspiel	★		X		X		3, 7, 9
Elmars Eichenhütchenpfeife	★		X		X		1, 8
Emmas Eichen-Massage	★		X				1, 2, 3
Eichhörnchen, such!	★★		X				1, 4, 9
Emilio Eichenkönig und Emilie Eichenkönigin	★★			X			1, 4, 5
Eckharts Eichelfarbbeobachtung	★				X		3, 8, 9
Eddas Eichenmehl	★★★	X			X		1, 2, 4
Emils Eichengallen-Tinte	★★			X	X		1, 5, 8, 9
Edeltrauds Eichel-Schokoaufstrich	★★★	X					1, 2, 7, 8
Kunigundes Kuschel-Eicheln	★★			X			1, 5, 8
Renettes Roteichen-Kreisel	★			X			1, 7, 8
Ebrus Wunsch-Eichelkette	★★			X			1, 3, 4, 5
Ennos Eichelfußbad	★★	X					1, 2

Name Fichte	Komplexität	Rezept	Spiel	Bastelaktion	Natur-erfahrung	Geschichte	Bildungs-bereich
Finn Fichtenwichtel kommt in die Schule	★					X	3, 4, 10
Fietes Fichtensirup	★★	X			X		2, 4, 8
Stephans Schokoladenfichtenpralinen	★★	X					2
Florians Fichtenbrotaufstrich	★	X					1, 2
Werners Waldduftkissen	★–★★			X	X		1, 2
Fridolins Fichtenlimonade	★	X					2
Martins megagroßes 3D-Memo	★		X		X		3, 9
Friederikes Fichtenzapfeneulen	★			X			1, 5
Zaniras Zapfenwald	★★			X			1, 5
Waltrauds Waldklangspiel	★★			X	X		1, 4, 5
Wilmas Waldsalz	★	X					1, 2
Franziskas Fichtennadel-Mutmacher-Öl	★	X			X		1, 2
Wassilias Waldkaugummi	★	X			X		2, 4, 8, 9
Waldemars Waldschach	★★		X				1, 3, 4
Marlenes Minitannenbaum	★★			X			1, 4, 5

Name Fichte	Komplexität	Rezept	Spiel	Bastelaktion	Natur-erfahrung	Geschichte	Bildungs-bereich
Wilhelmines Waldkekse mit Fenster	★★	X					1, 2, 7
Ferdinands Fichtenharzsalbe	★★★	X					1, 2, 9
Quentins Sahnequirl	★★★			X	X		1, 4, 8

Name Kiefer	Komplexität	Rezept	Spiel	Bastelaktion	Natur-erfahrung	Geschichte	Bildungs-bereich
Karl Kiefer und die Feier zur Wintersonnenwende	★					X	3, 4, 6, 10
Zaras Zapfenzielwerfen	★		X				1, 4, 7, 8
Karls kleine Kieferkinder	★				X		1, 8, 9
Nadines Kiefernnascherei	★★	X			X		1, 2, 9
Heidis Hygrometer	★★			X	X		7, 8, 9
Kiras Kiefernnadeltee	★	X					1, 2, 9
Peppers Waldpeelingseife	★★	X		X	X		1, 2
Neles nette Nadelspinnen	★			X			1, 5
Samuels Salzteigsterne	★★			X			1, 5
Karlos Kraftprotz	★★				X		8, 9
Pepes Pinienkernknackerei	★★★	X			X		1, 2, 8, 9
Violas Vogelfutterzapfen	★★★			X	X		1, 6, 8, 9
Annemaries Adventskranz	★★–★★★			X	X		1, 4, 5, 6
Pomelos Pompontannenbäumchen	★			X			1, 5
Welanders Weihnachtsbaumkugeln	★★			X			1, 4, 5
Eddis Eisstiel-Tannenbäume	★			X			1, 5
Karins Kiefernnadelkarten	★			X			1, 4, 5
Noras norddeutscher Friesenbaum	★★★			X			1, 4, 5, 7

Schnitzführerschein

Name

(Platz für ein Foto)

kennt unsere Schnitzregeln:

1. Das Messer ist kein Spielzeug!
2. Wer schnitzt, der sitzt!
3. Eine Armlänge Abstand halten
4. Immer vom Körper weg
5. Die Hand ist immer hinter der Klinge.
6. Vor der Weitergabe das Messer einklappen
7. Vernünftiges Schnitzmesser verwenden
8. Keine lebenden Bäume verletzen

... und hat gezeigt, wie man mit dem Messer richtig umgeht.

Unterschrift

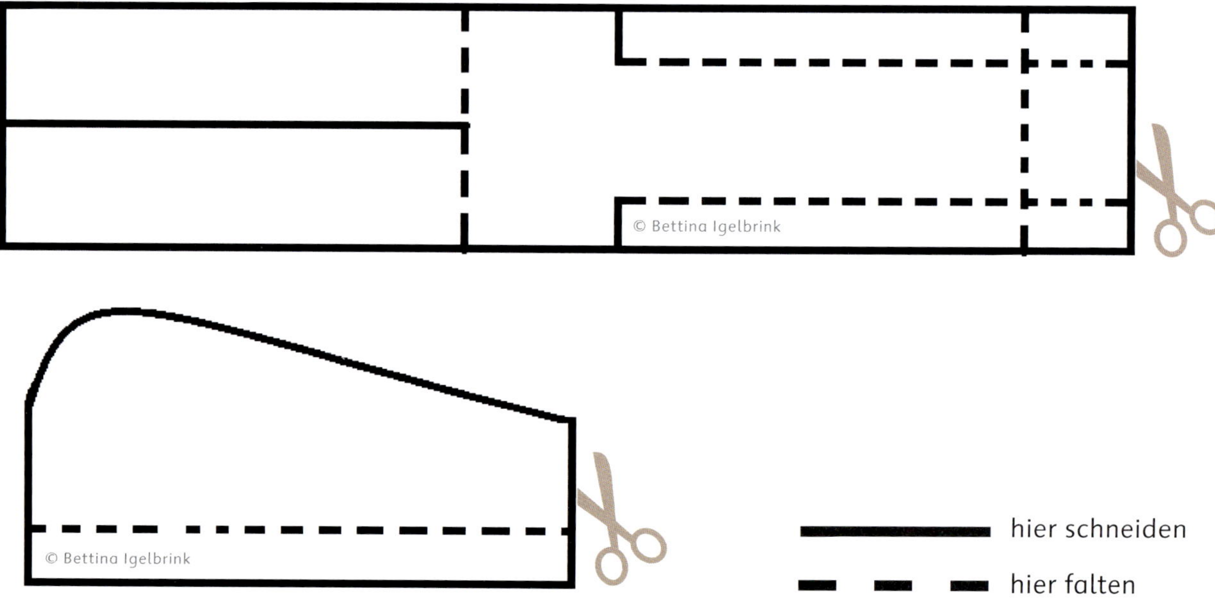

BEOBACHTUNGSBOGEN BÄUME

Name des Baumes ....

Aussehen

Die Pflanze ist gewachsen wie ein: Strauch ☐ Baum ☐

Farbe

Farbe der Blätter: ....

Farbe der Blüten: ....

Farbe des Stammes/der Rinde: ....

Farbe der Früchte: ....

Form

Form der Blätter: ....

Form der Blüten: ....

Form/Muster des Stammes/der Rinde: ....

Besonderheiten

Die Pflanze: hat Stacheln/Dornen ☐ hat ein Muster auf den Blättern ☐ ist behaart ☐

Geruch

So riechen die Blätter beim Zerreiben: .... So riechen die Blüten: ....

Haptik

So fühlt sich der Baum an: ....

Geschmack, wenn die Baumteile roh essbar sind **(vorher eine erwachsene Person fragen!):**

Was ist essbar? .... Wie schmeckt der Baum? ....

Lebensraum

Wo wächst der Baum?

....

Ein Malpapier auf ein Blatt und die Rinde legen und mit Wachsmalkreiden kräftig darüberstreichen.

Durchrieb des Blattes	Durchrieb der Rinde

BEOBACHTUNGSBOGEN BÄUME

detailliert (1/2)

Name des Baumes ....

Aussehen

Die Pflanze ist: so groß wie ich (Strauch) ☐

riesengroß (Baum) ☐

Farbe

Farbe der Blätter: ....

Farbe der Blüten: ....

Farbe der Rinde: ....

Farbe der Früchte: ....

Form

Muster der Rinde (Durchrieb aufkleben)*:

* Ein Malpapier auf ein Blatt und die Rinde legen und mit Wachsmalkreiden kräftig darüberstreichen.

Form der Blätter:

BEOBACHTUNGSBOGEN BÄUME

Form der Blüten:

Besonderheiten

Der Baum ☐ hat Stacheln/Dornen ☐ hat ein Muster auf den Blättern ☐ ist behaart

Geruch

So riechen die Blätter beim Zerreiben:

☐ süß ☐ zitronig ☐ frisch
☐ unangenehm ☐ gar nicht

Haptik

So fühlt sich das Blatt des Baumes an:

☐ weich ☐ flauschig ☐ rau
☐ stachelig ☐ kratzig ☐ fest

Geschmack, wenn Teile des Baumes roh essbar sind **(vorher eine erwachsene Person fragen!):**

Das ist essbar:

☐ Blatt ☐ Blüte ☐ Frucht ☐ Rinde

Wie schmeckt es?

☐ süß ☐ zitronig ☐ frisch
☐ fruchtig ☐ sauer ☐ unangenehm
☐ bitter ☐ nach gar nichts

Lebensraum

Wo wächst der Baum?

☐ im Wald ☐ am Waldrand ☐ auf der Wiese
☐ im Garten/Park ☐ auf einer steinigen Fläche
☐ am Straßenrand ☐ am/auf einem Acker

Wie viel Sonne mag der Baum?

☐ viel Sonne ☐ etwas Sonne ☐ keine Sonne

ELTERNBRIEF

wir möchten mit Ihren Kindern die Welt der Bäume vor unserer Haustür erkunden.

Hierfür beschäftigen wir uns in nächster Zeit einmal etwas intensiver mit den Bäumen in unserer direkten Umgebung.

Wir nehmen uns einzelne Bäume in den verschiedenen Jahreszeiten vor und erfahren diese mit allen Sinnen. Dazu gehört nicht nur, die Bäume zu sehen und zu erkennen, sondern auch, diese Pflanzen zu fühlen, zu riechen und zu schmecken.

Es kann deshalb vorkommen, dass Ihre Kinder bald vermehrt nach Namen von Bäumen und ihrer Essbarkeit fragen werden. Lassen Sie Ihre Kinder bitte nur die Baumteile probieren, die Sie zweifelsfrei als essbar erkennen! Eine wichtige Regel ist: Immer eine erwachsene Person fragen, bevor man etwas in den Mund nimmt!

Es kann auch sein, dass Ihre Kinder bei Spaziergängen länger bei Bäumen verweilen, weil sie sich diese genauer anschauen und entdecken wollen.

Da wir nun auch viel draußen in der Natur unterwegs sind, sind wir für geeignete, dem Wetter entsprechende Kleidung der Kinder dankbar.

Es ist sinnvoll, Ihre Kinder nach dem Abholen aus der Einrichtung zu Hause nach möglichen Zecken abzusuchen (besonders Kniekehlen und Achselhöhlen). Diese Tiere benötigen ein paar Stunden, bis sie sich einen Platz gesucht haben, und sie sind in der Regel abends noch einfach abzusammeln, bevor sie sich festsetzen.

Vielen Dank!

Name: .... **Datum:** ....

Was wir alles entdeckt und gefunden haben:

....

....

....

....

....

....

Das haben wir daraus gemacht:

....

....

....

....

....

....

Das habe ich erfahren:

....

....

....

....

....

....

© Bettina Igelbrink

Birke
Betula pendula

© Bettina Igelbrink

Weide
Salix spec.

© Bettina Igelbrink

Linde
Tilia spec.

© Bettina Igelbrink

Birke
Betula pendula

© Bettina Igelbrink

Weide
Salix spec.

© Bettina Igelbrink

Linde
Tilia spec.

© Bettina Igelbrink

Birke
Betula pendula

© Bettina Igelbrink

Weide
Salix spec.

© Bettina Igelbrink

Linde
Tilia spec.

© xpixel – Shutterstock.com

Birke
Betula pendula

© Bettina Igelbrink

Weide
Salix spec.

© Bettina Igelbrink

Linde
Tilia spec.

Apfel
Malus domestica

Kastanie
Aesculus hippocastanum

Eiche
Quercus spec.

Apfel
Malus domestica

Kastanie
Aesculus hippocastanum

Eiche
Quercus spec.

Apfel
Malus domestica

Kastanie
Aesculus hippocastanum

Eiche
Quercus spec.

Apfel
Malus domestica

Kastanie
Aesculus hippocastanum

Eiche
Quercus spec.

Fichte
Picea abies

Kiefer
Pinus spec.

Fichte
Picea abies

Kiefer
Pinus spec.

Fichte
Picea abies

Kiefer
Pinus spec.

Fichte
Picea abies

Kiefer
Pinus spec.

Das Memo-Spiel kann man mit verschiedenen Schwierigkeitsstufen spielen, da es pro Baum vier unterschiedliche Fotos gibt.